ミュンヘンフィル・リハーサルにて。1990年10月　ブルックナー　交響曲第八番
オーチャードホール　撮影:林喜代種

増補新版

チェリビダッケ 音楽の現象学

セルジュ・チェリビダッケ

石原 良哉［訳］

SERGIU CELIBIDACHE
Über musikalische Phänomenologie

アルファベータブックス

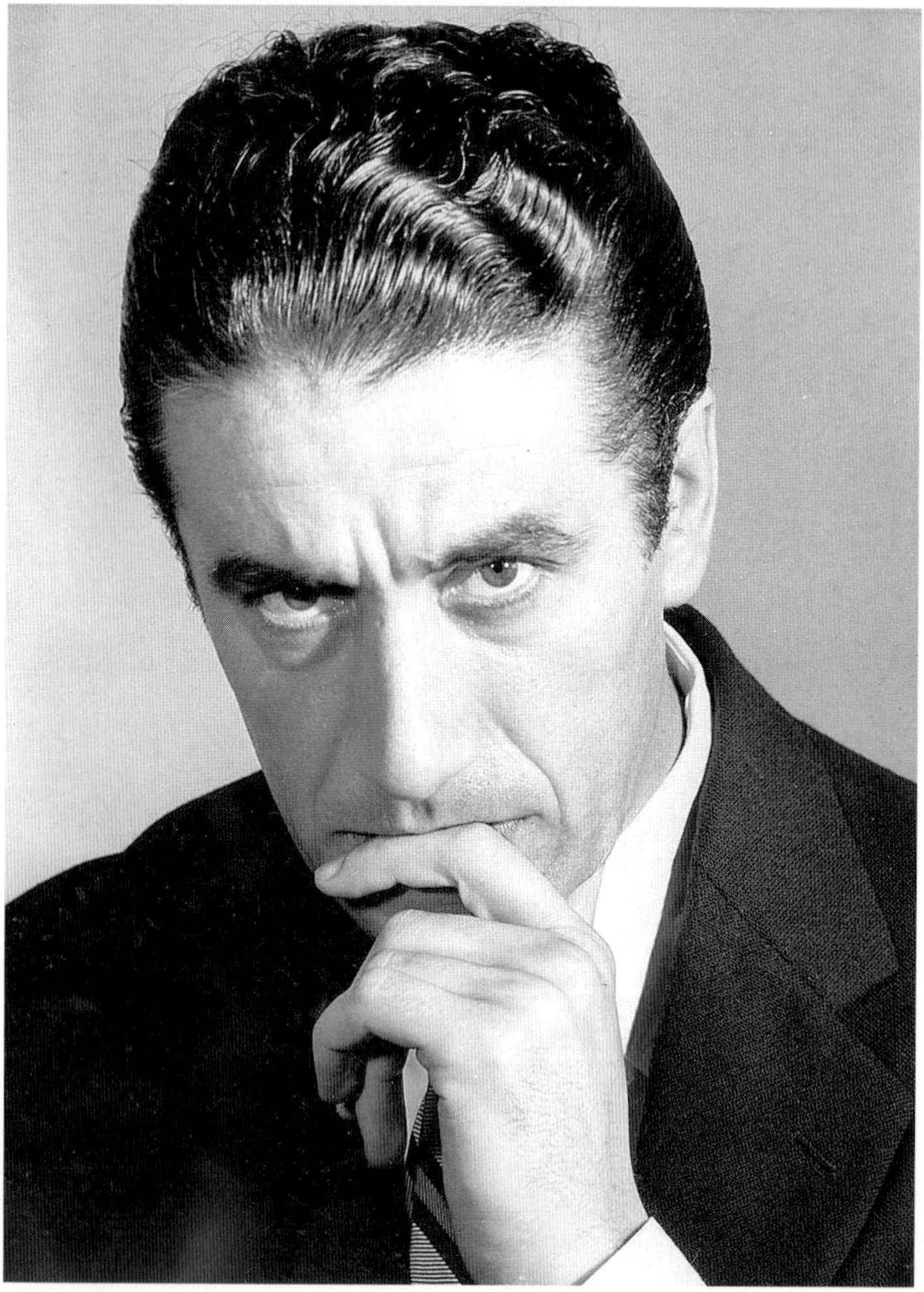

ベルリン時代のチェリビダッケ　提供:セルジュ・イオアン・チェレビダーキ

東京文化会館・ロンドン交響楽団のコンサート。
1980年4月　撮影：林喜代種

最後の来日。1993年4月　チャイコフスキー　交響曲第六番《悲愴》
愛知県芸術劇場コンサートホール　撮影:石原良太郎

増補新版　チェリビダッケ　音楽の現象学

セルジュ・チェリビダッケ（一九一二～一九九六）は、一九四五年以降のベルリンフィルハーモニーの最初の指揮者である。彼は、フルトヴェングラーのもとで一九五二年まで首席指揮者を務めた。一九五四年フルトヴェングラーの没後、楽団がカラヤンを首席指揮者に選出してからチェリビダッケの二十年以上にわたる〝遍歴〟の時代が始まる。世界中の様々なオーケストラに客演して実に多くの業績を残し、一九七九年から再びひとつのオーケストラの専属となって終生留まったのはミュンヘンフィルハーモニー首席指揮者のポストであった。彼はオーケストラに世界的な名声をもたらしたが、哲学的、音楽実践的な理由から商業的媒体としての録音を拒絶し続けた。彼の指揮者としての活動は、常に熱心な教育活動を伴っていた。チェリビダッケは、「音楽の現象学」を教えると同時に実践し続けた。

「音楽に選択の余地はなく、したがってインタープリテーションもない」

ルーマニア人でありコスモポリタン。多くのファンをもつ異色の指揮者。そして最も偉大な教師の一人であり〝オーケストラの教育者〟であるセルジュ・チェリビダッケは、一九八五年ドイツのミュンヘンで彼の生涯唯一度の講演をした。その講演の基礎となりテーマとなったのは彼自身によって打ち立てられた音楽的現象学であり、それはこれまで実践され信じられてきた音楽のあり方すべてに対する強烈な異議申し立てであるように思われる。

ミュンヘンにおける講演は、指揮者チェリビダッケの経歴の中で例のないものである。チェリビダッケはベルリン時代から音楽の現象学について理論と実践両面で教えることを絶え間なく行ってきたし、自ら直接教えるという行為は演奏することとほとんど同じ重要性を持っていた。一方で彼は自ら細心の注意を払い特別な思いを言葉に込めた書き物を破棄したらしく、それらは決して公開されることがなかった。彼は、実際に起こることと互いに反応し合う生き生きとした関係にない単なる頭でっかちの理論を一面的に披露しようという誘惑に決して屈しなかった。彼の現象学はフッサールの哲学に根差すものであるが、それを生きた音楽において実践することが第一であり、音楽を概念的に理解させようとしたのでは決してない。しかしこの一度だけ、彼は実に〝一面的〟に自身の理論について公開の場で講演することを決心したのである――それに伴い行われたボックホルト教授による音楽学的な講演と、ベートーヴェン協会の当時の会長フォン・カナル博士の開会の言葉とともに、ここにその記録を世に送る。

目次

第一部　チェリビダッケ　音楽の現象学

はじめに
父と音楽の現象学

音楽を言葉によって説明しようと試みることは、父セルジュ・チェリビダッケが生涯にわたって探求し続けてきたこととまったく相反するものです。それでも、彼自身幾つもの原稿を書き、音楽が人間の心に与える影響力の本質に言葉を使って近付こうとしました。しかし、その言葉がさらに別の意味に解釈されてしまうのではないかと危惧し、細心の注意を払って練り上げた文章のほとんどを捨ててしまったのです。彼の心の内にある真意と読者の理解の間には、やはり何光年もの隔たりがあるのでしょう。

父にとって、音楽を誤って理解し演奏しているオーケストラ奏者や分かったつもりになっている学生たちに、その場で教え正していくことが特に重要だったのです。

そういうわけで、父はこの音楽の現象学のテクストについても公表するつもりがなかったと、ここではっきり指摘しておきましょう。しかし一方で、父がこの講演で語った言葉を文字に残し、次世代の読者に提供し続けていくことが私たちにできる最善の行為であると思うのです。

セルジュ・チェリビダッケ財団が行ってきた多くのゼミナール等による体験的学習とともに、このドキュメントの出版が、音楽の現象学をもっと身近に体験してほしいという私たちの願いをかなえる一歩となることでしょう。

ここに記された父の言葉が、音楽家を始め多くの人々に新しい扉を開かせるものになりますように。そしてこのささやかなドキュメントによって、生き生きとした力を秘めた音楽の現象学と向き合い続けられるよう祈っています。

セルジュ・チェリビダッケ財団代表
セルジュ・チェレビダーキ
(Serge Celebidachi)

本書（第一部）について

ミュンヘンフィルハーモニーの夕べの舞踏会のあと、ルディガー・フォン・カナル博士はマエストロ・セルジュ・チェリビダッケと二人だけでテーブルについていた。そしてミュンヘン・ベートーヴェン協会のために音楽の現象学についての講演をしていただけないかと尋ねた。チェリビダッケは愛想よく答えた。「うん」。衆知のように、チェリビダッケは後にも先にも自らの理論をまとめて一般に公開する講演をしていない。［訳注・学生等を対象とする講習会や講義はしばしば行っていた］――そのような形で知識を伝達することを何十年にわたり頑なに拒んできた――一徹な人間に承諾させた理由はいったい何であったのか、今もって謎であると言って差し支えないであろう。

一九八五年六月二十一日、ルートヴィヒ・マキシミリアンズ大学（ミュンヘン大学）の大ホールに満員の聴衆を集めて語ったチェリビダッケは、ピアノと黒板に加えて、なんと綿密に細心の注意を払って書き上げられたテクストの資料までも傍らに置き、これに沿ってあるいは即興的に講演を進めた。そしてこの資料はもちろん公表されることはなかった（これらは消失したと考えざるを得ない）。なお、ベルリン時代から無償でゼミナールや講習会を開いてきた偉大な講師の習慣どおり、この理論に捧げる夕べの謝礼についてもちろん何も求められることはなかった。

ルドルフ・ボックホルト博士・教授は、この夕べのための準備に全面的に関わってきた。冒頭、彼は音楽学の立場から、音楽的インタープリテーションについての講演をした。しかし残念なことに、遠く隔たった二つの考え方と追求法に、相互作用は最後まで起こらなかった。彼らは、ちょうど二つの見知らぬ世界のように向かい合ったままだった。確かに、チェリビダッケの音楽学、哲学そして数学の修得を通じて具体的な状況下での完璧さを目指す思考と教育の方式は、理論的な学問と相容れない部分が常にある。しかし、まさにこの対照的な姿勢を観察することが、それぞれの確実な理解に役立ったはずである。両方の講演を印刷再現することは、精神科学的な教育を受けた音楽家チェリビダッケの人生と活動において大きな位置を占める、電力のような緊張をもたらす領域の特徴を示すのに役立っている。

当時ベートーヴェン協会の会長であったフォン・カナル博士の開会の挨拶そして主要講演に引き続き聴衆とともに行われたディスカッションの記録を付け加えることは、チェリビダッケの講演のためにしつらえられた状況を生き生きとできる限り完全に伝える試みとして有意義であると思われる。ただ、それぞれの質問の書き出しに関連性が欠ける部分があるのは全体の流れの中でその原因を考慮し察していただきたい。また本書を初めて開く注意深い読者にはより幅広い展開が示唆されているに違いない。つまりフォン・カナル博士によって指摘されたフッサール的な現象学の姿勢、教授であるボックホルト博士によって行われた音楽的なインタープリテーションの概念への科学的論証による問題提起、これらは全て引き続き研究される可能性を提供しているし、本書の出版が論議のきっかけとなるはずである。

テクストの文脈には細心の注意が払われており、講演そのものについても当然同様である。収録された録音テープから、欠けたところのないように行われた転写や書き取りによって、この初版は、可能な限り真正と言える［訳者注・チェリビダッケ講演及びディスカッションについては、二〇〇六年の改訂版原稿による訳である］。同様に、話された言葉、とりわけ自由にまた衝動的に用いられた言葉の一つ一つをすべて活字に置き換えるためには、置き換えにおける限界の線引きと、判読を要する文字はその可能性に適応することが求められる。言い間違いなどによる繰り返しとそれに対する聴衆の反応は削除した。原文を干渉することにならない場所については脱落している部分を補った。チェリビダッケ特有の語り口を基本的に保持しつつ、読むことが困難でない限りキャラクターの魅力を損なうことのないように（そして同時に、思いつきの語りと、入念に下書きされた印象を強く持ち得るテクストとの関係がおもしろく反映している語り口を損なうことのないように）ドイツ語文法について吟味した。その時々によって使う言語を高度に使い分けていたチェリビダッケは、実に個性的な彼独特の語調を外国語に与えていたが、彼が母国語を使わない状況にあったということもご理解いただきたい。

置き換えの仕事をできる限りガラス張りにするため、なおかつ読みやすくするため、科学的研究の土台として役立つこのテクストの中にはいくつかのあまり目立たない記号がある。テクストの中の〔　〕型の括弧は、源が確かでないことを示している。それは、録音テープを再生した際ここに欠落があるか、またはあまりよく聞き取れない場合にあり得るし、あるいは録音テープから起こした文章の中にだけあってテープ自体で確認できなかった場合にあり得る。例えば短いディスカッションの大部分が〔　〕内にある場合には、別の新しいテープ音源が出てきて初めて決定的なものになる。〔　〕内の空白部分は、資料に一部欠けている所があることを示しており、講師による中断や省略を示すものではない。

【　】は、編集者が付け加えたものを示しており、話されたテクストを意味に即した形で補う、あるいはイタリック体で黒板やピアノの使用といった舞台指定として使われている。その際、正しい指定の位置に入れることよりもテクストとの関係を優先させている。例えば【黒板にて】という指定の一節で始まる所では、話し方や関連を正しく把握するため、その場の状況とそれに続く場面が繰り返し目に浮かぶよう配慮した。外国語からの表現や特に力を込めて語られた言葉は、通常行われているようにイタリック体にした。そして同様に講演そのものを分かりやすくし、その前後の事柄と区別するために、主要講義の最初と最後をイタリック体にした［訳注・この日本語版では必要に応じて原語を記した］。

この版は、いくつかのまだ解明されていない部分をもつワーク・イン・プログレスとして理解すべきものであり、参照資料をより充実させることで、それらの部分が解明されていくよう期待する。そのためにも、資料を所有している人があれば心から歓迎する。おそらくは屋根裏に眠っているであろう宝物を再び役立てるため、セルジュ・チェリビダッケ財団の記録保管センターに提供されるよう関係者としてお勧め申し上げたい。記録保管センターは、口述の発言以外の文書による遺稿、自作の曲を含むチェリビダッケの遺品を科学的―研究的に紹介することを最重要課題の一つとしている。

この一巻のために、とりわけ重要な資料を快く提供されたヤン・シュミット・ガレ※(Jan Schmidt-Garre)、ハンス―マルティン・ケメサー(Hans-Martin Kemmether)のお二人に、そしてまた、教授のルドルフ・ボックホルト博士、ルディガー・フォン・カナル博士の御両名の関与と助力、積極的な貢献に対して厚くお礼を申し上げる。さらに、パトリック・ラング博士(Dr.Patrick

Lang）の常に信頼できる極めて適切な支援に対し私個人として感謝申し上げる。最後に、すべてが相俟って心のこもった一冊の本に編集できたことに対し、デザイン—カルチャーコミュニケーションエージェントのトリプティションに感謝する。

グンドルフ・レームハウス

※「音楽の現象学」の講演は、一九九二年ヤン・シュミット・ガレによってドキュメンタリー「チェリビダッケ・人は何かをしようとせずとも——人はそれを成す」の中で部分的に〔訳注・講演の部分ではなく短い質問と答えが一つ〕公開された。

グンドルフ・レームハウス（Gundolf Lehmhaus）は一九六四年ミュンヘンに生まれ、現代ドイツ文学、芸術史及び心理学を学び、二〇〇〇年以来セルジュ・チェリビダッケ財団の記録保管所責任者を務めている。聴くことを通じて巨匠晩年のミュンヘン時代を共にした体験が彼の哲学と音楽活動における永続的な分析活動の土台を成している。

セルジュ・チェリビダッケ財団について

セルジュ・チェリビダッケ財団は一九九九年、相続者のイオアナ（Ioana）夫人と長男のセルジュ・チェレビダーキによって公益の機関としてミュンヘンに設立された。セルジュ・チェリビダッケの音楽的なライフワークをドキュメントとして残すこと、彼が展開した音楽の現象学を生き生きとした形で残し、ディスカッションを通じて発展させることがこの財団の目的である。そのため、セルジュ・チェレビダーキ代表とマーク・マスト(Mark Mast)事務局長のもとで演奏会、マスタークラス、次世代育成のためのプログラム、とりわけ二〇〇二年から開催されているセルジュ・チェリビダッケ・フェスティバルを運営するとともに、チェリビダッケの音楽的現象学の研究分析を、彼の人生と活躍のドキュメントの収集と普及、ゼミナールでの伝授の出版によって可能にしている。

マエストロがその多面的な活躍によって世界中に与えた影響のネットワークの中心であり続けることが、この財団に与えられた使命であり、挑戦である。

日本語版編集部注

番号のついた注は原書にあるもので、訳注については［ ］とし、訳注であることを明記、文字のポイントを落とした。

日本語版では内容を考慮し、ドイツ語版の原書とは違う順番となっている。また、巻頭の写真と第二部、年表、巻末の公演記録は原書にはなく、日本語版オリジナルである。

挨拶

ルディガー・フォン・カナル博士

ご来場の皆様

私たちの講演と引き続き予定されているディスカッションに入る前に、今日のテーマについて、三分から五分、いくつか手短にお話しさせていただきます。

お集まりの皆様にルカによる言葉を一つ。あの世紀の転換期の出来事を伝える書の始めにあって、今日の夕べの指針になるはずの言葉です。「…実現した事柄について」（当時の出来事のことです）「最初から目撃して御言葉のために働いた人々が私たちに伝えたとおりに」とあります。ここではすべてを包括し天地創造の神秘を意味する印としての「御言葉」そして質的に特別なあるいは類稀《たぐいまれ》な知覚と体験を身に着けたその証人を指す「目撃した人たち」そして「働いた人たち」という言葉を覚えておいていただきたいのです。

「目撃した人」はつまり現象学的、予知的な認識という意味、そして「御言葉のために働いた人々」、御言葉は別の世界から取り次がれたものですが――この「御言葉」は「響き」とも言うことができるのではないでしょうか。この人々はある出来事に全身全霊を傾けて「聴き耳を立て」、そして自分を曲げてでも懸命にそれを吸収しようとする、そうです、自らを――言葉通りに受け取ってほしいのですが――その本質あるいはその実体のインタープリテーションを行う者にする、そんな人々であったと思われます――そしてまた、今日再び私たち皆が、そうであるに違いありません。

手短にもう一点お話させていただきます。このテーマ「現象学」は、私たちのような今日の時代の人間にとって、取り扱うのが難しい事柄の一つであり、とりわけそれがいったい何を言おうとしているのかが問題なのです。ご承知の通り、ゲーテは確かに現象学的な認識法における最も創造的で最も模範的な精神の持ち主でありました。彼の植物の変容学、色彩学、あるいは当時科学的な名声を博した解剖学的な研究成果を思い起こしてみてください。ゲーテの現象学的思考法について、彼自身の発言を「散文による格言集」の中からいくつか引用します。「最高を極めるならば、現実の物事全てがすでに理論であるということを理解すること」そしてさらに、「空の青は、私たちに色彩論の根本法則を明らかにしている。諸現象の裏に決して何も探してはならない、現象そのものが教えなのだから」。

ゲーテ自身は、自らの認識法を「観照的な判断力」と呼んでいます。そしてその意味と範囲について、彼は同名の草稿の中で詳細に述べています。それは、集中力をもって実習して習得した献身、注意深さから、その上に見聞可能なものを明らかにし、それによって体験可能なものにするということなのです。全ての根底にあるのは、ゲーテが鮮やかにも明確に認めたように、「目を見張るために、私はここにいる」ということです。

私たちのこの夕べにつきましては、――「観照的な判断力」という概念を有意義に使って――このことを――ボックホルト教授の講演のあとの――マエストロ・チェリビダッケによって構築され私たちが体験することになる「傾聴する判断力」への導入とさせていただきたいと思います。

ルドルフ・ボックホルト教授の講演

音楽的なインタープリテーション（解釈）について

皆様、

私の講演の演題「音楽的なインタープリテーション」に対して皆様が咄嗟に思われたのは、一体何の話なのだ？　という疑問であったろうと思います。この疑問こそ、私も自分自身に問うたことであり、これからの私の講演の内容になるはずです。「音楽的なインタープリテーション」という表現が、そもそも何を言おうとするものかを明確にすることは、今必要不可欠な課題の一つであると感じております。

この表現が誇張された使われ方をしているのは間違いありません。聞いたり読んだりする限り、これが音楽の関係で使われると「インタープリテーション」、「インタープリテーションする人」、「インタープリテーション的な成果」という風に、あまりに頻繁でもはや意味などないのではないかと時々思ってしまいます。しかしながら、実は全く別のことがあるのでして、いわゆる歴史学者、とりわけ芸術学者にとって、その同じ言葉「インタープリテーション」は、最高位と最大の重要性を与えてもよい事柄のことを指しています。一人の芸術学者としての活動の中で、中心的な、そう、おそらく最も中心的な部分を持つ事柄のことです。芸術学者、音楽学者は芸術作品をインタープリテートします。この言葉の使用における矛盾によって、仕事柄あるいは愛着から音楽と関わっている者は悩ませられるのです。一方では、例えばピアニストX氏がベートーヴェンの《熱情》を「インタープリテートしている」というようなことを絶えず読まされ続け——慎重に表現すれば——不愉快な思いがわいてきます。そしてその一方では、自らこの《熱情》と格闘している、いわばこの作品を理解しようとしていると、この理解したいということが、もしかしたら「インタープリテーション」したいということと、単に同じ意味なのではないかと自問します。

およそ三十年以上も前にトラシブロス・ゲオルギアーデスが「音楽的なインタープリテーション」という題の論文を発表しました。それは、このテーマについての素晴らしい論文でありますから、もし次の二つのことがなければ、それで済んだことにしておくことができたわけです。第一は、このテーマがとても広範なものであり、本当にいろいろな角度から光を当てても調べ尽くせるものではないということです。第二に、ゲオルギアーデスはこの論文にこの言葉「インタープリテーション」をあまり熟慮することなく使った、そして彼の書き表している重要な事柄にその言葉がふさわしいかどうか、さほど考えなかったのではないかということです。三十年前にはまだ必要なかったことですが、今日ではこの問いかけが必要なのです。

私は三段階でこの問題に迫ろうと思います。そしてできる限り端的に、次のようなテーマで考察しようと思います。

その一・インタープリテーションの概念の濫用について。

その二・インタープリテーションにふさわしい使い方について。

その三・インタープリテーションの有効な範囲と限界について——もちろん、すべて音楽との関連で。

では一つ目の濫用についてです。昨今、特に演奏会批評では、真面目な新聞でも「インタープリテートする」という言葉とその派生語が無分別に当たり前のこととして使われている例が、見つけようと思えば簡単に見つかります。三つ四つの有力なドイツ語の新聞の一つに数えられるものの一つを考えていただければよいのですが、先日一九八五年六月六日の新聞を広げてたちどころに見つけました。そこで出会ったのは、バッハの《ヨハネ受難曲》のレコード録音についての短い話で、たった四十三行の狭い段落の中にこの概念が三度出てきて、その他に「(ドイツ語の)解釈する」という言葉が一度、この言葉も「インタープリテートする」という言葉とおよそ同じことを言っているのです。それによると、論議の対象となっている《ヨハネ受難曲》の「インタープリテーション」は「独自の個性的なキャラクター」を持っており、「有名でよく演奏される一つの作品に、二、三の総じて特色のある独自の表情を付与している」ことによって感銘を与えるのだそうです。

バッハの《ヨハネ受難曲》をよく知られた作品と呼ぶのがふさわしいかどうかという疑問、それ以上にやっかいなのは、完成されて伝えられた音楽作品に対して、あたかもそれが断章であるかのように二、三の「独自の表情」を付与できるものかどうかという問題ですが、これらの問題にここで触れようとは思っていません。ただ私が指摘したいのは、この場所では「インタープリテーション」の代わりに簡単な言葉「演奏」を使っても何ら変わりはないはずだということです。批評はさらに続き、その録音は「優秀で感銘を与えるインタープリテートする人たち」を揃えている、とあります。このように、今日では何かしら小さなことにこだわっていると思われるほど当たり前に、歌手や器楽奏者たち、あるいは指揮者たちを「インタープリテートする人」と呼ぶようになりました。

しかし、およそ、そうですね、五十年ほど前には、この呼び方は当たり前でなかったという印象を私は持っています。――一度当時の新聞批評を調べてみるべきでしょう――そして昨今のモードのようにもてはやされているこの言葉も、そのうち自然にすたれていくのは確かだと思います。いずれにせよ、新聞から引用した文章の中の「インタープリテートする人」については、「歌手」と言えばそれでよかったはずです。この新聞の批評家の記事に関しては終わりにしますが、最後にもう一つ、その演奏の「福音書家」は「物語そしてその人になりきっているがしかし解釈していない。彼は頁の語り部、語り手、証人の客観性を保持しているが、自発性と発言力をテクストに多く付与している」と。これまた思考の茂みの奥に分け入りたくなる言葉ですが、その誘惑に逆らって先に進めましょう。

一般的に広まっている言い回しを使っているだけのどこかの批評家を批判しようというのではなく、この言い回しが今日蔓延しており、そしてそれが残念であるということを確認したいのです。そしてそれは二つの点において残念なのです。一方では言語使用の点、もう一方は事柄そのものです。この「インタープリテーション」という言葉が重大な意味を持っているということを、私はすでに始めから指摘しています。（これについては第二の部分でより接近してみるつもりです。）ですから、無分別に使うことは、この言葉をひどく傷つけかねないのです。音楽の演奏との関連で「インタープリテーション」を語るのはただ単に行き過ぎです。歌手や器楽奏者、あるいは指揮者たちを「インタープリテートする人」と呼ぶ背景には、これらを営んでいる音楽家たちにより高い品位を授け、彼らが著名な人物でありその道の達人であるというオーラを与えたいという欲求が明らかにあります。「インタープリテートする人たち」なしには、彼ら以外のわれわれ俗世間の人たちは音楽や作品について全く何も分からないと言われているように思えます。「インタープリテートする人たち」は作品に隠された神秘のヴェールをはがす、だから私たちには彼らに感嘆しきる理由があるのは当然だ、と言っているように思われます。

より古い音楽を例にとって試してみると、私たちがこの言葉にすぐさま反発するのを感じます。四百年前にマエストロ・パレストリーナがシスティーナ礼拝堂において自作あるいは誰かのミサとモテットを「インタープリテートした」と誰かが言ったら、私たちはその人を笑いものにするでしょう。しかしまた、古い音楽Xのための現代のアンサンブルが十三世紀の手稿により一曲のモテットを歌ったと言わずに「インタープリテートした」と言えばそれもグロテスクに聞こえます。これはしかし、より新しい音楽においても同じです。音楽家たちが、そしてまた最もすぐれた人たちこそ、実際に何をしているのか冷静に考えてみるのは有意義であり、ためになると思います。その答は実に簡単です。彼らは音楽しているのです。彼らは音楽を作り出しています。音楽されていない音楽はないに等しい、あるいは別の言い方をすれば、音楽は奏でられるまでは音楽でないのです。それに対してインタープリテーションができるとすれば、それはすでに在るものでなくてはなりません。それからその在るものが何なのかインタープリテーションによって明らかにする、あるいは伝えるというようなことになるのです。音楽家が音楽するときインタープリテートするのは作品を表す楽譜であるという主張は、明らかに正しくありません。というのは楽譜やスコアは音楽ではないからです。スコアの助けを借りて何か別のものつまり音楽を作り出すということに対して、スコアを解釈するという言い方はできないでしょう。同様に音楽家がインタープリテートするのは作品であると主張しても、やはりそうと言えるだけの助けにはなりません。というのはそれも矛盾しているからです。音楽家は作品をインタープリテートしているのではなくて、もしその事態を言い表すならば次のようになるでしょう。作品は可能性を持った音楽です。そして音楽家はその可能性を持った音楽を、今まさに響く音楽へと姿を変えさせる。可能性を持ってそこにある何かを今の生のものに変化させることはインタープリテーションではないでしょう。それならば一体それは何なのかという難しい疑問についてはもう少しあとでお話しします。

私のこの考察の第一の部分の終わりに、音楽の演奏に対してインタープリテーションの概念を利用することでゆがみと不愉快を生み出すものに、別の側から光を当ててみたいと思います。つまり文学と造形芸術からです。私たちは、見ることによって初めて絵画作品と出会います。それは同じことを続けることができるし繰り返すこともできます。つまり見ることに始まって、理想的に進めば最後にインタープリテーションが来ます――それは素人なら素人らしく、専門家なら専門家らしくなされるはずですが、ここではそれは問題ではありません。文学作品には、読むことあるいは聞くことを通じて出会います。それからの道程は造形作品が通った道と同じです。理想的に進めば、おそらく私たちは認識し、理解しそしてインタープリテーションに行き着くでしょう。

そしてよりによって音楽の場合は、全く違うどころか、その道程が逆になるというのでしょうか？　音楽の場合にだけ私たちは最初にインタープリテートする人によって成し遂げられたインタープリテーションに出会う、ということはインタープリテートする人たちを通して聞かされる音楽には、その後に初めて出会うのでしょうか？　そして私たちはこのような音楽を聞かされて、さて何を始めればよいのでしょう？　私たちは、おとなしくそれを受け入れるか、あるいは積極的に自分でもう一度その音楽をインタープリテートしますか？　こうなると一種の二重インタープリテーションということになりませんか？　私たちが文学や造形芸術のような音楽に近い芸術を考えるとき、それらの支配的な関係が明解であると思われる一方、音楽においては絶望的に混乱していて、むしろ逆になっているように思えます。そしてこのようなことになった責任は「音楽する」「音楽表現をする」「演奏する」「音楽家」といった簡単な言葉を、無謀にもより要求の多い「インタープリテーション」という言葉に置き換えたことによるのは明らかです。この言葉が音楽にとってまだ使い物になるのかどうか、私たちは真剣に考えなければなりません。

第二の部分、インタープリテーションの概念にふさわしい使い方についてです。「インタープリテーション」という言葉の一般的な語意について、二、三短い所感を述べて、といいますのは皆様ご承知のことでありますし、そのものの術語的な面をより長く論究することは私のテーマではありませんから。ラテン語のインタープリテーションが、ギリシャ語の動詞 hermeneuein と同義語であることは知られています。そしてインタープリテーションの芸術については、以前から「Hermeneutik 解釈学」という言い方があります。解釈学が何なのか意訳するために、私は、より新しい哲学的な解釈学の指導的な代表者であるハンス・ゲオルグ・ガーダマーをよりどころにしたいと思います。ガーダマーは次のように書いています。「解釈学は hermeneuein の芸術である。つまり告知する、通訳する、説明する、そして解読するための業である。原則的に変わらない解釈学の成果は、一方の世界から自分の方に思いの脈絡を移し替えることだ」。ガーダマーは大きくとらえて解説していますが、そのような移し替えのできる媒介物とは言語であるということを付け加えさせていただきます。ある特殊な意味において、解説するあるいはインタープリテートする作業は解釈学として、テクストによって表されます。つまり言語的なしるしによってです。そしてこの作業は言語を媒体として行われます。それは言葉を通して行われるのです。

さて、先ほど引用しましたガーダマーが一般的に定義をして確認したことを音楽に転用してみますと、音楽的な思いの脈絡を自分の世界に移し替えること、これを言語を媒介にして行うことが、音楽的なインタープリテーションの成果になるということです。音楽的なインタープリテーションは、そのつど関わってくる言葉でその思いの脈絡を説明し解説することであり、それは言語を通して行われるのです。このように音楽について言語的に説明するのは音楽史家の仕事です。インタープリテーションは、第一義的に言語を通して行われるのだと条件をつけて言っておく必要があるかもしれません。と言うのは、言語以外の手段の助けを借りることは制限されないからです。例えばグラフを使って分かり易くすることや、譜例、あるいは実際の音楽によるデモンストレーションなどです。インタープリテートされるのは音楽です。

ともあれ、もう少し正確にしなければなりませんので、少し余談を差し挟みたいと思います。私たちは通常音楽を二種類に区別しています。一方は遂行されることだけによって生きている音楽、記譜など必要としない、まさに民族音楽やヨーロッパ以外の国々の特定の種類の音楽、あるいはジャズもこの中に入るかもしれません。そしてもう一方は、ヨーロッパの芸術音楽に属する、中世の多声のものから二十世紀の音楽まで、つまり本質的に記譜を必要として、記譜された形でのみ私たちに伝えられたもの、そして私たちが「コンポジション作品」と呼ぶものです。響きながら存在するもので本来記譜されたことのないものと、作品として私たちに伝えられた音楽で本来記譜されたことによって定着した音楽の区別をゲオルギアーデスは特に繰り返し取り上げました。例えば私が先ほど引用した音楽的なインタープリテーションの論文の中でも取り上げています。この区別は実に本質的な区別であり、メソード的な示唆に富むものです。それでもなおこの区別は音楽的なインタープリテーションの問題にとって二義的な意味しかないと思うのです。と言うのは、響きでなく記譜によって伝えられたコンポジション、つまり音楽作品と、私が始めの方ですでに暗示した可能性をもって鳴り出すいわば実在の音楽は、何が違うというのでしょうか？　ベートーヴェンの交響曲のような作品をありありと思い浮かべるとき、民謡の演奏を聞くときやさらにはベートーヴェンの交響曲が実際に鳴り響いているときと同じように、私たちは音楽をありありと思い浮かべます。私たちは音楽的な思いの脈絡を、一方の場合も他方の場合も同じように遂行します。ベートーヴェンの交響曲のスコアを学ぶとき、その交響曲を理解するために実際の音楽的事象をありありと思い浮かべなくてはならないのですが、民謡を歌うときあるいは聞くときにも、その民謡を理解しようとするなら、聞くことのできる事象の背後にある音楽的な思いの脈絡を同じようにはっきりとさせなくてはなりません。言い換えれば、音楽的なインタープリテーションの対象になるのは常に音楽です。そしてその際、書かれたものという限られた意味におけるコンポジションを用いているかどうか、それに近づくためにその記譜された楽譜を学んだり、自ら音楽したり、演奏を共に遂行したりするか、あるいは今自分が奏でたり聞いたりしている、鳴り響いている音楽を用いるかどうかは、二義的な問題です。――これで余談は終わりです。

先ほどから、私は「遂行する」、「ありありと思い浮かべる」、「理解する」という表現を使ってきました。先ず「理解する」ということについて考えてみましょう。理解するということは、インタープリテートすることと最も近い関係にあります。この二つの概念は、同一の事情をそれぞれ違う方向から明らかにしています。ガーダマーは、彼の主著（『真理と方法』）の始まりで、解釈学的な課題として「現象としての理解と、理解した物事の正しい解説」について記述しています。「解説」を「インタープリテーション」に置き換えることは全く問題ありません。そしてガーダマーの記述は、一つの事情、つまり私たち皆が感じる、どうあっても理解することの方が解説やインタープリテーションより先に来るという事情を表しています。

再び音楽に戻りましょう。私が一つの作品の音楽的な思いの脈絡を理解しているという場合、それは私と作品との間で起きる出来事であって他の人とは関係のないことです。けれども私がある作品をインタープリテートすると言う場合、理解したことを言葉にまた文章にできる、それを他の人に伝え関わりを持たせるということが正しいと感じる意味でそう言います。「理解する」という表現では、自分の心に明らかになる事柄に留まる、この留まるというところに主要なアクセントがありますが、「インタープリテートする」という表現では理解した事柄を目に見える形にして外へ持ち出す、その理解している主体の上にアクセントが行っています。理解するのは自分のためであり、インタープリテートするのは人のためです。インタープリテートする人は、注目されることを必要とします。彼自身がインタープリテートする事柄を実際本当に理解しているかどうかは、もはや誰も問おうとはしないのかも知れません。内容的に最も近い間柄にある「理解する」と「インタープリテートする」という二つの概念は、普及している言葉の使い方に潜む重要性の等級付けの結果、遠く隔たっていました。明らかに、そこに含まれる個人的な重要度のせいで、今日「インタープリテートする」という言葉は「理解する」に対して比較にならないほど高く買われています。そこでなされるのは濫用です。正確に言うなら、巷の語らいの中に出てくる「インタープリテーション」はその言葉が本当に意味していることに全然ふれず何か別のことを言っています。ベートーヴェンの《熱情》のインタープリテーションについてピアニストX氏が話す場合、本当はインタープリテーションではなくてピアニストX氏の見解というべきです。そして私たちがピアニストX氏をまるで私たちより高い存在であるかのように賛嘆するため、自分たち自身の判断を停止させ、より高い存在の見解を疑うことなく受け入れてしまうのです。ここで言わなければならないのは、私たちは騙されず頭を覚醒させ、インタープリテートすることと理解することを考えてみなければならないということです。インタープリテーションは私たちにその事柄への道を明らかにしてくれます。その道は私たち自らたどることもできるし本当はそうすべきです。それに対して見解と言うのは私たちにとって全くどうでもよいという場合が有り得るのです。

三つ目、最後の点です。インタープリテーションの概念の有効な範囲と限界についてです。音楽家は音楽をしているだけであって、その演奏に対してインタープリテーションを語るのは行き過ぎだと申しましたが、これは誤解を生むかもしれません。演奏するということを過小評価するつもりは決してありません――すでに私が指摘したとおり、音楽はもともと演奏することによってのみ存在しています。いわば、音楽と演奏は同一なのです。ならば、演奏することを評価しないなどということは有り得ないのではありませんか？ 音楽が演奏されなければならないことを確認するのは、まさに類語反復です。けれども誰でも演奏できると言う意味ではありません。音楽は音楽性にかかっています。そして音楽が偉大な芸術である以上、その演奏も当然そうであるわけです。あるいは、偉大な芸術はこの音楽の演奏だけかも知れません。今宵の主要講演でこのことについて何かもう少しお聞かせいただけるものと私は思っております。

音楽と演奏することが同一のものであるというまさにこの単純な事実においてインタープリテーションの概念の限界が見えてくると私は思います。これには説明が必要でしょう。何事でもそうですが、芸術作品をインタープリテートする際、まず理解することが前提となります。そして理解するためには、その元になるもの、それによって理解することが可能になる何かが必要になります。つまり、それは芸術作品との出会いです。著名な芸術史家であるクルト・バートはこれを次のように表現しています。「われわれのインタープリテーションは、芸術作品の意味内容に向けられる、つまり芸術作品が永久に意味深く見えるさまを意識することに向けられる。この見え方、この輝きをまだ一度も体験したことのない人が、芸術作品のインタープリテーションを始めるなどもってのほかである」。バートがここで確認していることは、芸術作品が自らそう「見せる」輝いているということですが、これは、理解したりインタープリテートする前に「出会う」ことが最も重要だと言っているように私は思います。

芸術は常に私たちのために存在し、私たちに出会うために作られます。それによって初めて、理解するあるいはインタープリテートするというプロセスが動き始めます。芸術史家バートが、当然のことながらもともと視野に入れていた造形芸術におけるプロセスは、音楽においても何ら変わりはありません。さて、ここで出てくる疑問は、理解すること、他の全てに先立つ音楽との出会いがどのように行われるかということです。この問いに対する答は、これから申し上げる以外には有り得ないと思います。音楽との出会いは音楽が遂行される間に生じます。これは、心理学的に偏って理解されてはならないことで、何よりもリアリティを持つために遂行されなくてはならないのは音楽の方です。

音楽は鳴り響くものだということができます。それは正しいけれども、知覚されずにただ鳴り響くだけのものばかりでなく、知覚されても遂行されることなく鳴り響くものは音楽ではないという限定が必要です。また、音楽は、することあるいは扱うことだということもできます。これも同じく正しいです。ただ、これは実に漠然とした設定であって、音楽の運行は時間的に構成され、全て決定している思いの脈絡によって進行方向が前もって記されていて、その運行に従わなければ音楽は成立しないという遂行の概念が表現されていません。音楽的な遂行の本来の意味に関しても、先ほどのインタープリテーションの問題と同様、民謡のように鳴り響く形としてのみ存在する音楽と、コンポジションあるいは音楽的な芸術作品という形で私たちに与えられているあの音楽との間になんら根本的な違いは見当たりません。一つのコンポジションでさえ（コンポジションというのはスコアあるいは演奏と違って、かつて誰も見たことも聞いたこともない、そしてなおヨーロッパ音楽と音楽史の真の中心であると言えます）、それもまた遂行を目的としたものあるいは遂行されるべき音楽に変わりありません。一つのコンポジションの遂行は、楽譜の助けを借りて書き記すことで可能になります。

私がここまでお話ししてきましたことは、音楽は演奏されあるいは遂行されてから初めて理解されインタープリテートされるという主張につながります。この何気ない言葉「から」を今私は使いましたが、これは時間的また心理的な意味ではなく論理的な意味で理解していただきたいのです。音楽作品を演奏することを目的とした演奏家の行動は、通常まさに理解とインタープリテーションによる数え切れない一つ一つの行為によって進められます。記譜された作品の学習を始めるやいなや、彼は疑問の山に遭遇します。ベートーヴェンの手稿のあの場所には「フォルテ」と書いてあって、それと同じ別の場所にはどうして書いてないのだろう？　音楽家はそれを理解したいのです。その音楽家は、音楽とは関係のないところにその答えを見つけるかも知れません。（ベートーヴェンは単にフォルテの印を書き込むのを忘れただけである）あるいはその曲の音楽的な流れをありありと心に浮かべ曲全体を遂行するうちに、彼は答えを見つけるかもしれません。同じであってもこちらの場所では音楽的な幾多の理由から「フォルテ」がふさわしくないと。

理解しなければならない、そしてインタープリテートしなければならないということが、常に私たちの人生を決めて行きます。音楽家の人生や仕事においても同じです。一つの曲をうまく演奏する音楽家、つまり音楽をうまく仕上げる人が職人の技を心得ていると私たちが言うのは確かに一理あるのです。泳ぐ人は泳ぎの心得がありますが、彼は泳ぎながら心得たりインタープリテートせずに泳ぎます。家具職人は家具の作り方を心得ています。けれども彼が戸棚を作るとき、自分の手腕や戸棚について理解したりインタープリテートしたりしません。

ある音楽作品が理解され、それによってインタープリテートが可能になるのは、その曲が思い浮かべられる、あるいは実際に演奏されるともっと自然でよいのですが、いずれにしても先ずその曲が遂行されてからです。楽曲を理解する、そしてインタープリテートする、このようなことはすべて、その後に来るのです。最初に来るのは音楽であり、作り出され遂行されるのが音楽の在り方です。

最後に、役割の分担の問題について短くお話させていただきます。音楽に関連して、通常私たちは人をこう分類します。音楽家と聴き手（昨今では「受け入れる人」といいますが）そして音楽学者（この中には最も広汎な意味での文筆家、解説者、批評家その他を含みます）この三つの仲間に入るすべての人々は唯一音楽において関係します。音楽は、生まれるために、創り出されること、内面的あるいは外面的な遂行を要求します。そして同じことを三つの仲間のすべての人々に要求します。それから、聴き手を受動的に受け入れる人を意味するように言うのは実に不釣合いです。なぜなら、音楽は受動的に受け入れられるものではなく能動的に遂行されるものだからです。また、音楽学者は、音楽を言葉として遂行してから本当に初めて知るのです。音楽がすべての人々をつなぐという夢想的な言い方は、音楽が皆に同じことを要求するからすべての人々をつないでいるという、冷静で具体的な意味を持ちます。その呼びかけに答えると、実際本当に皆がつながるのです。

セルジュ・チェリビダッケの講演
音楽の現象学

皆さん

よくいらっしゃいました。とてもたくさんの方がこのホールに〔…ここ…ミュンヘン大学の〕お集まりくださり、たいへんうれしいです。腰掛けてもよろしいでしょうか。〔…〕この二、三日調子が悪いのです。よろしければ座りたいのですが。

フォン・カナル博士のご挨拶について皆さんに少しお話ししようと思ったのですが〔どうも〕あまりよく聞き取れませんでした。ですからそれについて何か言える状態ではありません。ボックホルト教授のお話は余程よく聞こえました。そしてあれこれ考えました。さてさて〔…〕。

この現象学という学問の細部だけにとらわれてしまわないように、要点をいくつか書き留めてきました。一時間の講義の中でそれらすべてをお話しできるかどうかわかりませんが、できるだけ努力してみましょう。

「音楽の現象学」とは何でしょう？

この単純で素朴な、そしてまた記述的心理学［訳注・哲学用語。フッサールがブレンターノから継承し発展させた、現象学によって自我の心理を記述しようとする考え］から生まれる問いから始めなければならないというのに、人生で最も短いこの一時間の中で、これが現象学であるなどと解き明かせられるものではありません。と言って幾つかの部分的な面に触れるだけで終わるわけにもいきません。

第一の難題は、悟性［訳注・哲学用語。対象を理解する能力］が絶対に拒絶するようなことを、私自身の英雄的で頑固な性格から敢えて試そうとしたことから生じています。会長［訳注・ベートーヴェン協会会長］のフォン・カナル博士とボックホルト教授から、私の生徒たちが七年間の試行錯誤を費やす必要があった内容について一時間で講義をしてほしいというご親切な招待をいただいたとき、無理に微笑んで「うん」と言ってしまいました。それから自分自身を励まし、「短い（と思える）一時間は、長い（と思える）四分の一時間よりも長いのか」という禅問答を思いつきました。そして、禅の老師の答え「愚か者！　倍だ！」というのを考えました。現象学の体系を抽象的にずっと先まで解説してしまうのか、あるいは具象的経験的に話を進めながら果てしない課題のほんの少しをかじるのかという選択は、私にとって実に悲劇的です。

第二の難題は、私たちが今から試みようとしていることそのものの中にあります。ここで次の事柄を「挟み込んで」おかなければなりません（つまり…）。

音楽が何であるかもう知っている、という人たちがいるとすればうらやましい限りです。しかし、音楽を思考による象徴化や因習的な決まり文句によって一つの定義にまとめることはできません。音楽は、知覚でき現に存在する形態のどれにも当てはまりません。音楽は、今在る何物かではないのです。唯一無比の条件のもとで、何かが音楽に成り得るのです。そして、この何かとは、響きです。つまり、響きは音楽ではないが、響きは音楽に成り得るのです。

第三の難題は、音楽の現象学が哲学的現象学(注1)とどんな関係にあるのか —— どの哲学的現象学と関係があるのかという当面の問題を解いておくことです。一九一三年以前の、自然な関心、自然な境地から起こった現象学か、あるいは、フッサール(注2)が説いた現象学でしょうか。現象学は、記述的心理学ではありません。なぜなら記述的心理学では経験的で自然主義的な統覚(注3)［訳注・哲学用語。知覚や表象などの意識内容を自己の意識として総合し、統一する作用］や措定［訳注・哲学用語。何かを存在するものとして立てること。事態や対象の存在を想定・肯定すること］の自然な遂行がすべて除外されてしまうからです。

悟性の判断力によってある事柄を把握できるということを否定はしませんが、私は皆さんに、その実用性ゆえに、ニコライ・ハルトマン（注4）の提唱した二つの道を明示しその規律に従って考察していく方法をお勧めしたいと思います。

第一は響きというものについて客観的に学ぶこと、そして第二はその響きが人間の意識にどれほど明白に影響するかを多様な方法で学ぶことです。さほど難しくないと皆さんが思うようでしたら、この二つの簡単な道を共に進んでみようではありませんか。

私たちは響きについて、また、さらには音楽的な音について、どんなことを知っているのでしょう？　自由を渇望する心に突き動かされ、霊感やひらめきによってそれを発見し、解らないままに宇宙からそれを借りていた先史時代の人間と私たちはあまり変わりません。響きとは何でしょう？　響きは動きです。響きは波動です。何が動くのでしょう？　楽器の素材となる一本の弦、空気や金属の塊といったものです。すべては動きから生じているということが私たちには分かっています。響きが動きであるとすれば、音楽に成り得る響きとそうでない多くの響きを何に

（注1）エドムント・フッサールが基礎を築いた、現象として現れたものの本質についての哲学的教理。
（注2）エドムント・フッサール Edmund Husserl（一八五九〜一九三八）ドイツの哲学者。
（注3）哲学における独特の知覚の概念。例えば：気付くこと。
（注4）ニコライ・ハルトマン Nicolai Hartmann（一八八二〜一九五〇）ドイツの哲学者。

よって区別するのでしょう？　それは響きを作り出している独特で取り違えようのない構造、つまり、同一であり、同一に保たれている振動数です。決まった時間内における同じ数の振動、これが音楽的な音の実体です。

この構造は、人間を取り巻く自然界に存在しているものの、人間の〔知覚の物見櫓〕の視界には現れません。同一に振動する音を造り出した人間は、その音を、混沌とした未統一[注5]な素材の中から知性の光が当たるところへと引っぱり上げた、あるいは、神々の高みから引き降ろしたのでしょう。いずれにしても、ある人間が音を造り出しました。この人間は長い弦を二つの点で固定して爪弾いたり、竹の筒や、脛骨をくり抜いて穴をいくつか開けたもの[注6]を吹いて、何も解らないまま、混沌から抜け出して自由になるために必要な条件を獲得してしまいました。

最初はその発見がもたらす安定に魅了されます。同じ条件を造れば毎回同じ結果を得ることができるということに。それ以前の不安定な環境ではそのような結果をもたらすことができませんでしたから。でも人間は自分をとりまく環境やそこから得ているものの無常さも知ります。同一に振動する音は儚いものです。しかし、その音は振動が持続している間は鳴り続いており、また繰り返し出現させられるという同一性も示してくれます——とにかく、いつでもそれが手に入るのです。この発見によって一つの新しい喜びが生まれます。他でもない、自ら体験することです。

現れた響きの現象と自らの情緒を同一化できるのは、――寡黙な、あるいは饒舌な預言者たちから――絶対なる存在の似姿と言われている人間が持つ、音への執着があるからです。人間を引き続きこの発見に注目させ、次の段階へと駆り立てる原動力となるのは、新しい心地良さの追求です。そしてそれはまだ知られていませんでした。

同一に振動する音は単独で振動しているのではありません。独創性豊かな発明者でさえまったく思いもしなかったことですが、そこにたくさんの音が加わって振動し、まったく新しい、共鳴する多数の音としてまとまるのです。それらが上行倍音群であり、直接関係してくる副次現象、間髪を入れずに起きる随伴現象なのです。二つの点で張られた弾力のある弦や一つのシリンダー状の空間に閉じ込められた空気の柱は、そのままでは振動することができず、法則に従って分割されなければなりません。またこの分割によって、元になる響きのファミリーに属する一連の響きが生じます。つまり、元になる響きは単独ではないということです。その響きは、いつも、自分に属していて身近な関係にあるファミリーに伴われています。判別しようもない源から生じる音の集合体である雑音でさえ、上行倍音群を持っています。しかしそれらの洗練されていない音は、私たちの意識が持っている機能では――区別もできないし――知覚されるものでもありません。

（注5）活動的でない。怠けた、やる気のない。ここでは、野暮ったい、怠惰、洗練されてないという意味合い。
（注6）脛骨、またはローマの骨フルート。

人間が素朴な意味で「自然」と呼んでいる世界では、元になる響きと、人間のどのような志向も及ばない所で生じるそのファミリーが一緒に鳴り響くことはあり得ません。人間はそれが起きる条件を作るのです。人間は力を貸す、いやむしろ、人間がいなければ絶対に起り得ないこの現象を、人間は宇宙から盗み取るのです。

しかしこれも長くは続きません。一つ一つの音はまた、変えられることなく、自分の出自を思い出して、ためらうことなく呼び戻されます。つまり消え失せるのです。音は混沌とした素材の固まりの中へと、剥ぎ取られた元の場所へと、再び戻らなければなりません。その音が出現させた副次現象は、音が永遠に消えて行く途上における、多様かつ明確に組織された中継点に他なりません。響きが音楽になるための可能性を与える最も根元的な現象を、私たちはここで目の当たりにするのです。

私たちは、一番直接的な方法で、一番狭い空間において、一番元となる、唯一無比の、空間的時間的構造[注7]と向き合います。それぞれの音一つ一つが太陽系のようなシステムであり、音とその副次現象の間には、勝手気ままではない、解釈不可能な、ゆるぎない関係があるのです。

これらの関係は、空間的なだけでなく（長さは二つ、三つ、四つの「区分」に分かれます。上行倍音はより高く現れ、下行倍音はより低く現れます）、時間的でもあります。音楽学は、この随伴現象の現れである時間的な構造と、それらが人間の心に反映して相互に影響し合うという関係をすべて無視しています。副次現象は、その元となる現象と同時に起こるのではなく——それが人間にとってほとんど知覚不可能な間隔であっても——元になる現象の後に起きます。このような出来事を物理学上の音響学では「発振現象」と呼び、その事象に含まれるいろいろな次元の中に時間的な次元があります。

音楽は、単に響きがもたらす効果なのでしょうか？　人間にとって、副次現象を通して可能となる、他のどこにも現れたことのない唯一無比の豊満な新しさなのでしょうか？　いいえ。音楽の本質は、音——人間の関係に、この時間的な響きの構造と人間的な心の構造の合致するところにあるのです。

人間の心の本質は何でしょう？　それは過去と未来の、現時点における関係です。そこに作用する動機、心に現れる情動や感情を特徴づけるこの動機が、今の時点における未来と過去を結び付けるのではないというなら、いったい何だというのでしょう？　愛していた誰かを失ったとい

（注7）空間的で時間的な。〔訳注・原文のドイツ語が解り難いため原注が付けられているが、訳すと原文・原注とも同じ語になる。以下（注8）（注9）（注12）（注13）（注14）（注15）も同様。〕

うのは過去のことであり〔付き合っていた誰かを…〕、来るはずのない者を待つことと落胆は過去と未来両方に関係することであり、希望は未来のものであり、後悔は過去と未来の両方に関係するものである、等々。私たちの心に、この幾重ものつながりの、どれか一つでも示さないものは絶対にありません。

私たちの小さな万能の組織はどうなっているのでしょう？　最初の上行倍音、オクターヴ〔Ⅷ度〕。皆さんご存知でしょうが、この一本の弦が真ん中で分かれますと、これで二つの「部分」になり、オクターヴが生じます。三つに分かれると五度になります。四つ、五つ、十、百、そしてあの「はぎとられた」ものが、とうとう人間の〔知覚〕にとって静止状態である元の状態に戻るまで分かれます。このプロセスは、言いましたように、遠い昔の人間にとってほとんど知覚不可能な間隔の時間内に起こります。この最初の音、オクターヴは〔動きの中に〕あり、後で基音として現れる、いわばこの最初の音の未来です。このオクターヴは何か全く新しいものというわけではありません。それは、メロディ的な諸条件のもとで新しく現れることがありますが、同時に、そのオクターヴもまた同じものです。同じものの中に、繰り返しの中に、〔終点〕は初めからそこにあるのです。それは、あるようにしかあり得ない一定不変の慣性です。

【ピアノに向かって】ちょっと試しに弾いてみましょう。〔二日前から指がすごくこわばってし

譜例１

譜例２

まって。治るかな？）

では、オクターヴです。これは新たに生じたものです。

【調子の狂ったオクターヴを一つ弾く】

これは断然新しいぞ！　…しかし、これも同類です。

さて、何を弾きましょうか？

〈譜例１〉

では…

〈譜例２〉【オクターヴ間隔で再度そのメロディを弾く】

皆さん分かりますね。これも同類です。

ところで、メロディとして達するとき、オクターヴは耳新しいものになります…。

譜例３

〈譜例３〉【オクターヴまで上がっていくメロディを弾く】

…ここはまったく新しい世界の現れだと言えるでしょう。とても個性的で特殊な条件のもとで現れています。しかし、オクターヴであるという点は同じです。

まったく新しく、取り違えようもなく別なのは、二番目の上行倍音であり、長さが三つに分かれるときの、五度です。これは基音にとって実に未来そのものです。五度の連続は、弾かなくてもよいですね。皆さん、どんなに抵抗を感じるかご存知でしょう。主たる響きとの関係、その他の副次現象との関係において五度は圧倒的で、そのために基になる音からすべての支配的な特長を受け継いでいます。【黒板に向かって】五度は、ピタゴラスの関係では2：3で表わされます。等辺の三角形では〔…〕五度はここの三分の一だから、ここが2：3〔…〕この2：3というのは、最初の素数で、最も小さく、最も大きい抵抗を示します。五度は主要機能に対して直角のポジションにあり、それで一番しっかりした音程なのです。しっかりした関係すべてのシンボルであるということから、五度は、動く構造、遺伝的、空間的―時間的な構造すべてにとってのパラメータであり、不変の尺度であるのです。

さて、音は人間のイニシアティヴによるものであると同時に、宇宙のものでもあります。ではなぜ人間のイニシアティヴなのですか？　私は好きなようにメロディを作ることができる──私が作ったと自分では思うけれど、同時に──取り返されるのだから──宇宙のものです。つまり、二重に帰属しています。肝心なのは、空間的な現象である音の中に、人間との関係の本質を決定する超常的な時間の次元を聞き取ることです。

けれども、音が一つだけでは、空間的・時間的構造を考えに入れても、まだ音楽になりません。次の音が現れて初めて、すべてを飲み込む慣性、(注8)すべてを巻き込んで消滅へ持っていこうとする流れに対抗して、次々に来る膨張する活動力を持った次元が形になります。元の現象が分裂し、そのファミリーが姿を現わす。これは解釈するようなことではありません。ここまでお分かりいただけたでしょうか。

（注8）慣性、不活性。

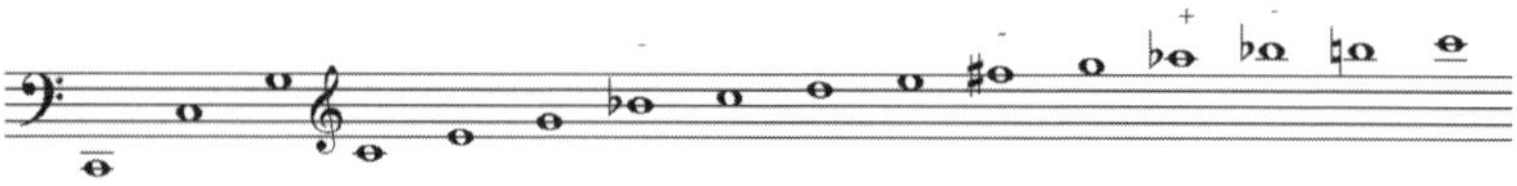

譜例 4

譜例 5

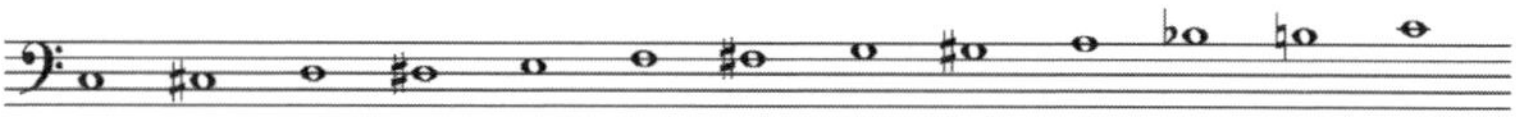

譜例 6

【ピアノに向かって】重要な現象は五度。それはどういうことでしょう？　音楽しようとするとき、先ず十六個の上行倍音の音列が現れます。例えば、この音から出発すると…

〈譜例4〉

…大事なのは五度。なぜ四度ではないのか？　この究極の照合システム内で、オクターヴは…

〈譜例5〉

…このシステム内では…

〈譜例6〉

…人間が聞くことのできる9オクターヴを私は全部還元できます。

〈移調したオクターヴ〉では、

譜例 7

譜例 8

〈譜例7〉
これはここ。
〈譜例8〉

譜例 9

譜例 10

〈譜例9〉
これはここ。
〈譜例10〉

譜例 11

譜例 12

〈譜例11〉
これはここ。
〈譜例12〉

譜例 13

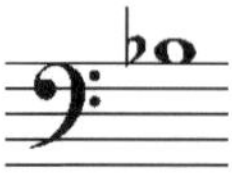

譜例 14

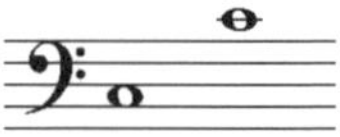

譜例 15

〈譜例13〉

　これはここ。

〈譜例14〉

この通り、オクターヴは究極の照合システムです——全ての膨張のためのものではなく、和声的、それとメロディ的な膨張〈だけ〉のためのものです。そしてオクターヴを1：2の関係で捉えると（これはピタゴラスの関係です）、オクターヴを——1：2の関係に置き換えると——五度が演じる役割には遠く及びません。

　1：2の関係は、

〈譜例15〉

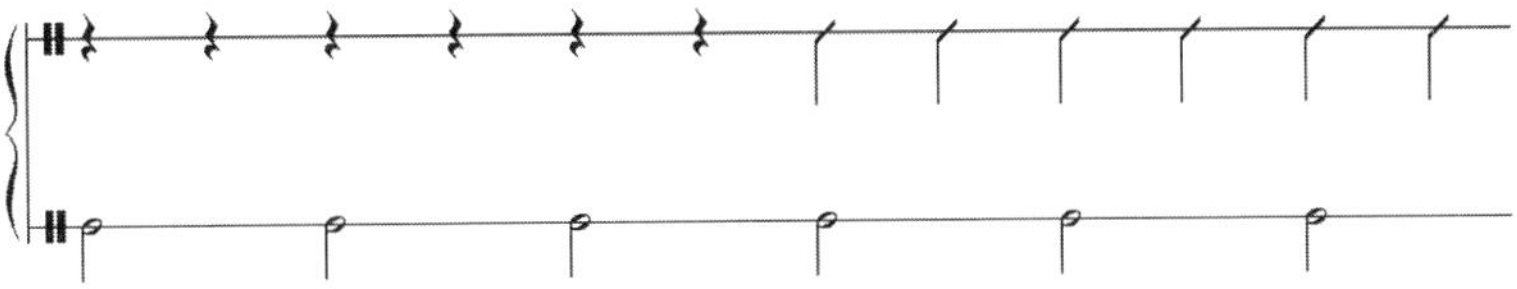

譜例 16

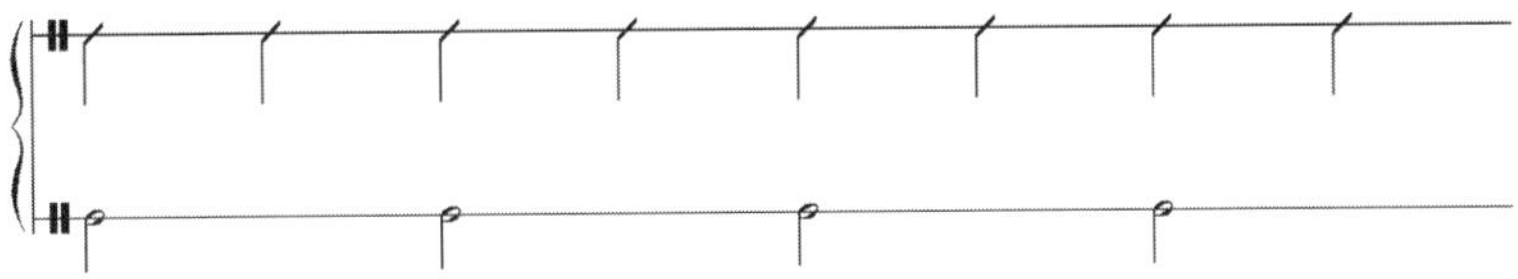

譜例 17

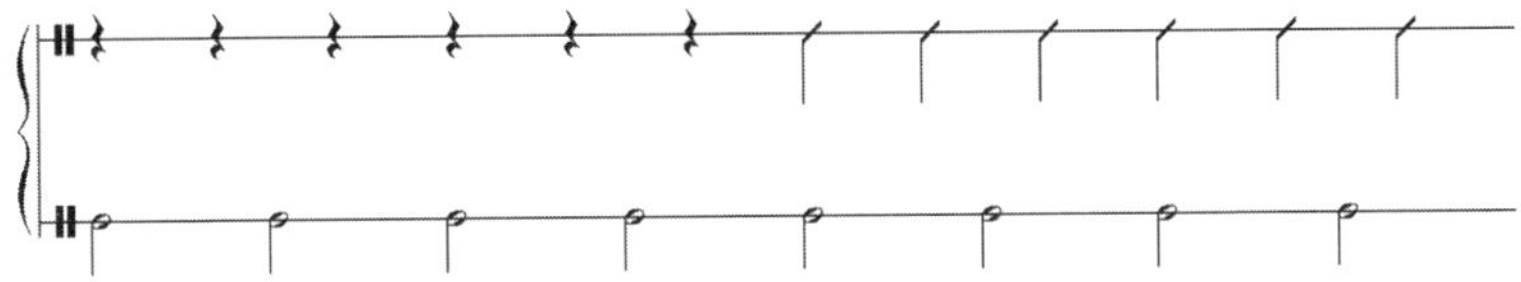

譜例 18

リズム的には、

〈譜例16〉

これは初めてですか、それとももう他で
やっていますか？

そう、その通り！

〈譜例17〉

五度はどうですか？　２：３の関係です。

〈譜例18〉

譜例 19

譜例 20

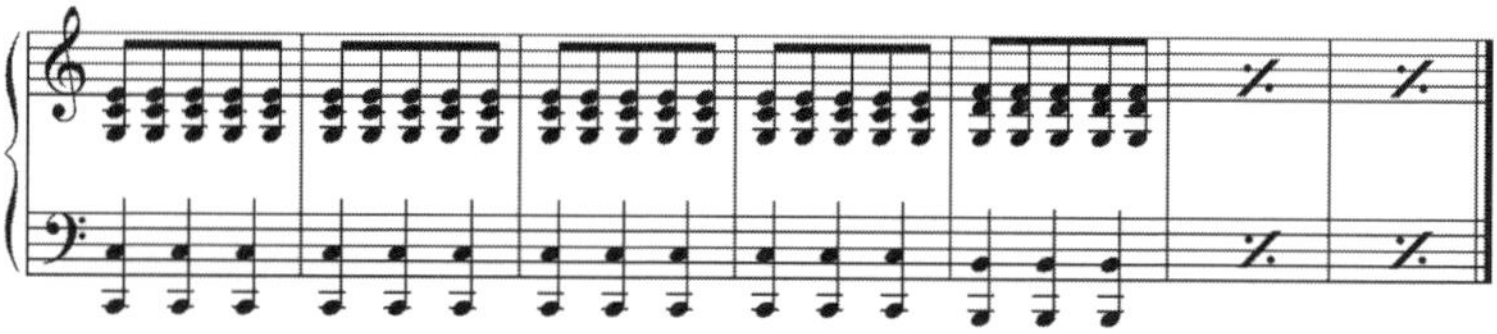

譜例 21

一番厳しい対立です！

〈譜例19〉

それに対して、

〈譜例20〉

これは対立を解消したものです。このような対立で、五度よりも緊張関係の大きいものが他にあるでしょうか？　より大きいものはありません――差異のあるものは、あります。

〈譜例21〉

譜例 22

譜例 23

五つに対して三つ：聞き取りにくい、3（に対する2）より大きくありません。これです。

〈譜例22〉

2：3より対立した力学上の（ディナーミクの）ポジションはありません。

初めてこのように二つのリズムを突き合わせることによって、最も大きなリズム的エネルギーを引き出した、これがジャズ音楽の本質でもあります。いわゆる[Hiccup]（しゃっくり）、これですが、もし、

〈譜例23〉

譜例24

何ですこれは？　下の四つに対して八分音符三つが合わさる〔…〕

この［Hiccup］をこう置き換えられると、ジャズの皆さんがだんだん気づき始めて、こうなりました。

〈譜例24〉

二つに対して三つ。さあこれが最小にして最大の対立関係です。これらすべての局面を知るために、皆さんと一週間寝食を共にする必要があるのがお分かりですか？　そうすれば、これを一つの理論として理解するのではなく、皆さんの体の中にも、私の中にあるのと同じ幾多の活動的な力が生きているのが分かります。フッサールはこれを「間主観的な関係の可能性」と呼んでいます。

さて、この素材は、響きのことですが、ここに〈置いて〉おくことにしましょう。私たちは響きについての学習から出発しましたが、ここで少し別のことに着手しようと思います…でもほんの少ししか話していませんね。

このままもう少し響きのことを続けましょうか？〔…〕時間がどんどんなくなりますね？やはり先へ進みましょう、またあとで戻るかもしれませんし（皆さん、この理論的表現について、というよりむしろ――このこと自体に関する質問について――あとで、皆さんが直接議論に参加できるようにすることをお約束します）。

ひとまずこの素材は置いておいて、人間の精神の本質について考えてみましょう。人間の精神は、それ自体まとまった、分割できない存在(注9)であり、絶えず多様な現象と相対しています。精神は、いわば一つのまとまった一体、「個」であり、同時に関わることができるのはもう一つの「個」だけです。精神は、志向的に外の方に向かって身構えていますが、これは知覚したものを自分のものにしながら同一化するため――いいですか、知覚したものを自分のものにしながら同一化するためです！――あるいは相関性のないものや取り込むことのできないものを締め出すためです。これは精神が持っている機能の存在論［訳注・哲学用語。個々の存在を在らしめている存在について探究すること］的な本質です。人間の精神が持っている唯一無比の性質のことをサンスクリット語では ekagrata と呼びます。ドイツ語にはこれに相当する概念がありません。今回はイギリス人の方が得をしていますね。彼らはこれを onepointedness――一つに集中する有様

（注9）対象、存在者。

と言っています。私たちは、この意味について、その意図するところを大きく捉えて「自由な意識の非二元論的性質」と訳しましょう。精神が手に入れたものを受け入れないで再び手放してしまうとすること、それも超越するということではありますが、しかし次に来るはずの相互関係を体験して手に入れるという可能性は絶たれてしまいます。そこで、言わば点から点へと超越することによって（固執した受け入れ方から超越することによって）、精神は新たな自由を手に入れるのです。これは、次を取得するために回避できない条件［conditio sine qua non］（注10）である、不偏見です。差異をまとめること、二重的な外形をすべて取り除くことは、私たちの精神によってのみ可能なことです。結果として人は、すべての多様性を、自分にとってまとまりがあると思われる一つの事実になるよう結び合わせるのです。すべての差異を取り除きすべての部分を統合して一つの全体にすることを、私たちは「還元する」と言います（現象学において、ここが音楽的現象学と哲学的現象学の分岐点となります。フッサールは還元することを「括弧に入れる」、「締め出す」、「見落とそうとする」等々と呼んでいます。ここで私たちの道は完全に別の方向に向かうのです）。

統合することとは、多様性から統一体を再製するという、数学的、形式的、理論的な概念とはまったく関係ありません。それは再製ではなく、唯一無比で初めての新しい製造であり、それにはたった一つだけ条件があります。各部分、あるいはそれぞれの存在の有様の間にあって、相互に補い合える、互いに補足し合える関係がそれです（ある関係、例えば「赤い鼻」と「意志と表象」、この二つを統合することはできません）。

一連の音響を知覚しようとするとき、一つ一つの現象はすべて消えていきます。そこで何が残るのか？　という疑問が生じます。残るのは、超越することによるほか体験できない関係です。超越できる精神は、相対関係にあるものの一つ目の部分にも、二つ目の部分にも留まることなく、両方を越えて行き、それら二つをまとめ、本質的に類似した、そして互いに関わり合う関係のエッセンスを自分のものにします。関係は消えるでしょうか？　…消えない？　そう、物質的に知覚可能な領域、そこに音は登場して消えるわけですが、その音たちのようにこれらの関係が消えてしまうのではありません。そうではなく、この関係は人間の精神にとって永久に機能することのできる、残るものとして、新しい種類の、より高度な、部分を超越した統一体になるのです。

私たちはここに至って、ヨーロッパの哲学と現実の事態との枢要な相違点に直面します。ヨーロッパの哲学は、フッサールの師であるブレンターノ(注11)以来、意識はすべて、「何かの意識」とい

（注10）回避できない条件という意味の成句。
（注11）フランツ・ブレンターノ Franz Brentano（一八三八〜一九一七）ドイツの哲学者。

う反論できない公理のような仮定から出発しています。これは私たちの哲学全体の謎でもあります。私たちにとってこれ以上の間違いは他にありません。ヨガ行者たちはそのことを知っています。反応する、という考え方を知って以来ずっとです。意識は、何かを捉える前に実存的にそこになくてはなりませんが、捉えることで初めて、それは何かについての意識になります。そして捉えたら——意識によって捉えられた何かがどうしてまだ純粋であり得ますか？　ヨガ行者たちが瞑想するときに繰り返し弟子に勧める「自分を空しくせよ！　自分の意識の万能の光を、浮かんでくる何かに曇らされることのないように」とは、どういう意味でしょう。いかなる思考の対象をも純粋な意識から遠ざけるというのは、無関心ということでしょうか？　それとも無理に避けようとしているのか？　あるいは万能の光を無制限に無調整で体験しようとする、つまり最高に積極的ということでしょうか？　述べてきたように、これを言葉にすることはできません。体験するしかないのです（何百万もの若者たちが、今日、黄緯にあるこの惑星［訳注・地球］の歴史で、もしかしたら初めてそれを試みるのですが、この宇宙的な試みのために彼らが携えてくるのは、抑えることのできない自由への渇望だけです）。

さて、響きに戻りましょう。私たちは、一つの音だけでは音楽が成立しないということを見てきました。最初の音のあとに別の音が現れると、最初のアーティキュレーション（接合）ができて、それが聴き手と聴かれたものとの間にコミュニケーションを造ります。けれどもそれだけでは、聴き手の心を一つの音響的現象に引き留めておくのに不十分です。このアーティキュレーションのあとに来るものの中にほかの生き生きとした特長が現れるはずです。二つの音の連なりは、これからでき上がる建造物の最も小さな石材であり、その特長は、指向性があるということです。

二つの隣り合う音にはどんな関係があるでしょうか。

第一は、二つ目の音が一つ目の音と同じである場合です。この場合、二つの同じ音は、抵抗し合うことによって初めて、音楽におけるすべての音データを変容させる条件となり、最も基本的かつ時間の流れを伴う響きの構造を形作るのです。

第二は、一つの音の次に違うものが続く場合です。【黒板に向かって】〔…〕最初の音のとき確認したように、その音は単に空間的な現象であるだけではなく、時間的な次元にも属しています。その音のファミリーはその音よりあとに現れます。これによって私たちは、あとから出現する重要で本質的な一つの現象と、この狭い空間の中で初めて居合わせることになります。【黒板で示す】二つ目の音がこの音と同じだとすると、私たちはまったく新しい状況に身を置くことになります。物理的には変わらない二つ目の音とこの音は同じだと感じるでしょうか？　もちろんノーです。というのは、最初の音が私に何かを残したからです（でなければ二つ目が二つ目であるとさえ私は言えません)。何かしら印象があります。記憶の中にかもしれないし、信じがたいほど受け入れる用意が整っている人間の感受性の中にかもしれません。だからこの音は、耕されていない原野に落ちるような信じがたい優越感を得られません。この音は、こちらの音によって耕された畑に落ちます。何ということでしょう！　そうなると音楽には繰り返しというものが全くないのでしょうか？　もちろん。繰り返しなど一つもありません。なぜならば一度聴くことによって私たちは何かを得ますから、私たちが繰り返しと呼んでいる二度目は、何か手を加えたものの上に落ちることになるのです。同じ足跡を踏むことなく新雪の上を何回歩けるでしょう？　一回です。

それは絶対に新しい現象だと皆さんは言うでしょう――その通りです！【黒板に書く】こちらは、この音と何か共通のものを持っていますか？　両方の現象、それ自体を見つめて…こちらも…するとこの二つは同じです。では、どうすれば進行していると認識できるのでしょう？　できるとすれば、一つ目に対する二つ目の現象の状況と、二つ目に対する一つ目の状況は異なるはずです。二つ目は論証性の内に論証的に現われ、他方は回帰的です。有るようでしか有り得ない精神(onepointedness)は、音だけを聴くのではありません。では何を？　両方の音の関係に聞き入るのです。そして、二つの音は関係を作るが関係そのものではなく、だから関係そのものの中には、一つ目も二つ目も存在しません。二つ目の現象に何一つ新しさがないとすれば、私の関心は

譜例25

少なくなります。こうして、こちらの現象からこちらへと谷間ができます。【黒板で】これが最初に印象を与え、二つ目はただこの一つ目との関連によって知覚することができます。時が進むにつれて二つ目の音に有利な新しい次元が見えてきます。それはこう行きます…【黒板】。「それぞれ片方だけでは何も新しいものを体験できない」という関係は、このアーティキュレーションから一つの方向を作り出します。そしてそれは逆の方向です。私は二つ目の音を一つ目の音との関係で知覚するのです。

ここからすでに、最初の対立が始まっています。対比しながら、それらが持続することを要求する、それらが持続性を創造するのです。アハッ！まだ知らなかったですって！　何を説明しているんです、チェリビダッケさん？　ベートーヴェンは、第五交響曲の第一楽章の頂点をどう造っていますか？

〈譜例25〉

あっ、八回も同じことを繰り返しているじゃないですか？　ところが違

譜例 26

うのです！「八回」という写真の焼き増しはあっても、音楽的なリアリティにおいてそれはありません。まさに同じでないからこそ高揚するのです。繰り返しではないからです。彼がああしないでこうしたとしましょう（これこそ最低の即興じゃないですか）。

〈譜例26〉

これのどこに説得性があるでしょう？　全然ないです！　では先ほどの方はどうですか？　全部にあります！　そして、音楽ではこの二つの極の間ですべてのことが起こります。それはまた、これから私たちが体験するであろう全く新しい次元でもあるのです。

【黒板で】二つ目の音が別の音である場合、何が起きるでしょう？　避けて通るわけにいかなかった先ほどの幾つかの考察[注12]をこちらでもするのでしょうか？　私は二つ目の音を一つ目と関連させて聴くのでしょうか？　当然です。谷間（新しくないことによる）はここにもできるのでしょうか？　いいえ、ここは何か新しいところです。当然、あらゆる音楽的な次元が現れ…そこに一つのアーティキュレーションが生じ…そしてここにも。私にはこう聞こえます…1―2、最初に聞こえたものから次に聞こえたものへ。ここでもそうです。…ここでは他にどんな力が働いているのでしょう？　この「二つ目の」音が最初の音の副次的現象の中にある音であるなら、近親性が強く対立はさほど大きくありません。しかし、この「二つ目の」音が最初の音の副次的現象の中にない音なら…これに属する副次的現象は非常に多いので、近い関係の一つではなくかなり遠く離れたものの一つという意味です…この対立はどうでしょう？　実に大きいです。この別の音、この新しい音も、そのようなシステムを自分の周りに持っているでしょうか？

もちろんです。関係が遠くなればなるほど、現象学的に言えばこれら二つの音の近親性が薄くなればなるほど…（ここに、こんなにも急いでこの講義をすることができないという私の判断の根拠があります）…遠くなればなるほど、この副次現象と最初の音の副次現象との間の葛藤も大きくなります。これを「緊張」と言います。

つまり近親性の隔りが大きくなればなるほど緊張も大きくなります。ところで、例えばピアノを軽く〔打鍵するとします〕――すると副次現象はどうなるでしょう？　それは常にあります

（注12）考察、熟考。

か？　あります。けれども、弱い力でこの世に生まれてきた音の世界はどうなっているのでしょう？

【ピアノに向かって】

この音〈譜例27〉がこの音〈譜例28〉と同じような副次現象を持っていないと言っているのではありません。「前者」と同じように持っています。

譜例 27

譜例 28

けれども、これ〈譜例29〉とこれ〈譜例30〉ではどうでしょうか？

譜例 29

譜例 30

打鍵がより強かった二つ目では、一つ目よりもかなり多い副次現象が私には聞こえました。
さてそれでは、この音〈譜例31〉の物理的な条件はどうでしょう？

譜例 31

譜例 32

基準になる最初の十六の現象すべてが私に聞こえるでしょうか？　この音〈譜例32〉ではどうでしょう？

ここにも全部あるのでしょうか？　確かに。ではどこへ消えてしまうのでしょう？
人間が知覚できる領域外に、音響学的には十六から二万の振動数の音がありますが、音楽的には三十二から八千あたりまでしか聞き取れないのです。

【黒板で】さて、この場合は…ファミリーは…これは人間の知覚領域です…この「場合」、この「低い」音はこうだから…この音のアイデンティティが全て聞こえます。この「高い」音は同様の副次現象を作り出すけれども、みんな人間の知覚領域の外へ落ちてしまいます。つまりもう私には聞こえません。

さて、近親的に同類の音で、音量や強さが違う場合。この音がすごく強くて、もう一方はさほどでもないと——当然対立はあまり大きくありません。この音がすごく強くてもう一方も同じように強い——するとかなりの対立になります。対立が大きくなればなるほど、多くの事実対事実の接点が増えます。そして対立が大きくなればなるほど、コンタクトが増えれば増えるほど、それを知覚するのにより時間を要します。アッハー！　ということは時間的な次元は最初から音程の中に含まれているということですよ。これはすごい！　ところでどうして？

こんなことを主張する音楽的現象学者がほかにいるでしょうか？　フレスコバルディ。バッハのおよそ百年前の人で、V度の空間を汲み尽した音楽家であるフレスコバルディは、何と言ったでしょう？　「表情豊かな所は他の所よりゆっくりめに弾くべきである」アッハー！　表情はどこから来ますか？　表情とは？　表情とは現象と現象の間の接点の多様性のことです。強いものと弱いものでは接点はほとんどなく、対立もほとんどありません。…それでは私たちの興味を引きません。緊密で集中した演奏によってこの現象がたくさんの接点を得ると、私の onepointed-ness（私の精神の総合的な力）によってそこから一つの関係を聴き取ることができるのに、より多くの時間を必要とします。アッハー！

別の偉大な現象学者であるバッハは、私たちに残した数少ない言葉を通して何と言っているでしょう？「曲のテンポを見抜けない人はその曲の演奏をやめておくがよい！」皆さんは、スコアを開いて、それがゆっくりの曲なのか速い曲なのか見抜けなければなりません。

どんなときにゆっくりの曲になるのですか？ 対立が大きいときです。近親関係による対立か、音の強弱による対立か、あるいはフレーズの中の対立か。アッハー！ そしてそれは誰にでもできるのでしょうか？ 彼は、できる！ と言っています。――私もそう思います。ただ二百年にわたる間違った音楽活動のあとでは無理です。全部だめになってしまった。今日私たちは、先ず**Allegro**= 52［訳注・原文のまま］という情報を得ます。そこでメトロノームを動かして…ディーディーディー、そしてそこに多様なものを十把一絡げに置こうとしてみると…さあ、そこから何が生まれるというのでしょう？ このテンポのイデーは何でしょう？ どこにそれはあるべきですか？ 私たちは、活動するすべての要素を自分に取り入れてから、このテンポなら可能である、と言えばよいのに。

ハイドンはどのように言っているでしょう？「終楽章、プレスト楽章のハーモニーは単純でなければならない。トニカ（主和音）、ドミナンテ（属和音）、サブドミナンテ（下属和音）」

アッハー！　それはどうして？　「半音階的なハーモニーは緩徐楽章で使えばよい」　アッハー！　ということは、やはり響きの中の何者かに、響きの連鎖の中に、テンポを含む何かが実在するのです。そしてそれは何でしょう？　それは、対立の度合です。

もちろん私は、このことについて（同じ音、いろいろな音など）もっといくらでも話せます。けれども悲しいことに持ち時間のことばかり考えてしまうのです。【黒板に向かって】さて、このことは、時間上のメロディばかりではなく、二つの音が同時に現れる場合にも言えます。これら二つの現象による対位法においても同様です。これらの双方が同じ副次現象の連鎖に属していれば近親性が高く、属していなければ対立が大きいのです。

失礼ですが、私の心の中のごく自然な衝動といっぱいの人間愛から、私はどうしても、今聞いておられることが言葉や思考の戯れではないと皆さん全員に確信してほしいのです。まさにこれを、皆さんはいつも聞いているのですよ。皆さんの内面で――完璧なディナーミクで――それは働いているのです。

さて先へ進めなければ。

二つの音同士のこのような関係は、条件が整えば、還元されてまったく消え失せてしまう一連のそれぞれの部分が明らかになります。還元とはどういう意味か、分からなかった方がいるかも知れませんね。【黒板で】今ここにいろいろ個別の現象が具現しているとします…こんな感じです…【描く】…今、ここで、いいですか？ …【ピアノで】思い浮かべてみてください。

一つの和音。〈譜例33〉

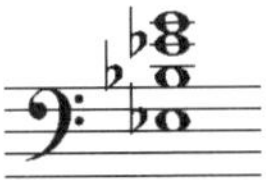

譜例 33

数本のホルン、フルート、ファゴット、ヴィオラ、チェロなどが聞こえます。これら同時に活動する構成要素の中で【黒板で】例えばこのフルート、これが低過ぎると、どうしますか？ どうすればよいか皆さんに分からなくても——われわれプロの指揮者はこう言います。「フルートが低すぎる！」われわれがそう言うとどうなります？ 耳があれば、彼は音の高さを変えて再びそこにあるまとまりの中に入ります。ということは、彼が低過ぎる間は、彼がここで他の皆はここだから、二勢力対立ということです【描く】。彼が正しい音を見つけると何が起きるでしょう？ 彼はいなくなったのですか？ いいえ。このまとまりの中へ統合されるのです。さてこちらでは、皆がピアノで吹いている中で、寝不足のホルン奏者がメッツォフォルテで吹いていると想像してみてください。…彼も二勢力対立を作り出しています。二つのものになっているでしょう。そこであなたは彼に言います。「どうか皆のじゃまをしないように吹いてくれませんか」――「あっ、はい、どうもすみません！」そこで彼もピアノで吹きます。――彼はいなくなったのですか？　いいえ、この「一つ」に、今ここで統合されたのです。このような局面はどれくらいあるのでしょう？　数え切れません。柔らか過ぎたり、硬過ぎたり、低過ぎたり、〔…〕過ぎたり（これは説明できません）、目立ち過ぎたり、大人し過ぎたり…信じられないほど多くの視点から考えられるのです。

【黒板で】さて、これが二勢力対立です。もっと多勢力でもっとひどい場合もあり得ます。フルートたちが低過ぎて、そこへだめなトロンボーン、うるさ過ぎるホルン…遅過ぎるコントラバス…早過ぎるトランペット――実に多彩です!!　そして、もしそうではなくて皆がきちんとしていたら…――どこがきちんとしていればですって？　生じるべきまとまりのことです――雑多さは消失します。この「一つ」だけが使いものになるのです。というのは、私たち自身が「一つ」だからです。雑多さと戦っている間は何も始められません。それを自分たちのものにすることによって、先ず「一つ」にならなければなりません。では何のために自分のものにするのでしょう？　さらなる修得に向かう自由さを得るためです。雑多とは何か、onepointedness とは何か、全てをまとめる精神の能力とはどういう意味か、大体お分かりいただけたと思います。

二つの別々の現象を統合することは、唯一無比で最初で最後の、有るようでしか有り得ない精神にふさわしい、ただ一つ可能な行為です。精神は雑多さを克服しなくてはなりません。要するに雑多さから抜け出さなければならないということです。精神は、雑多さに向かって自分を主張しなければなりません。雑多さが永久に新しく発生し続ける以上、還元する能力も永久に磨り減ることなく維持し続けなければなりません。それは、精神こそが雑多さを減らせるのである、ということを自ら主張し続けようとすることです。そして精神は、可能な限りどこででもそれを実行しています。思考行為は、明らかに、同時性の中で行われる還元です。人間の知覚が持っている包括する能力は、思考行為の中にはっきりと現れます。あらゆる定義、普遍化することの全て、有効な法則にまとめたいという思いのすべて、全体性として見える多元性のすべて、概念的象徴的に還元される個々の現象のあらゆる多様性、数学的な方程式のすべて、多数の前提から成立する唯一可能な conclusio（結論、推論）のすべては、人間の精神が持つこのような潜在的な力がもたらす、直接的な成果なのです。

響きの現象を還元できるために不可欠な条件とは何でしょう？

一つは「テンポ」です。そう、テンポとは何か、定義するのはとても難しいです。難しいのではなくて——不可能です！　テンポは、物理的な世界における相関概念と混同されるかもしれませんが、物理的な時間の流れには全然関係ありません。テンポに関して、「ゆっくり」とか「速い」、「遅くない」、「あまり速くなく」、「遅過ぎる」、「正しい」とか「間違っている」というような、時を表す特徴がいろいろな場面で使われています。多様性の度合いが大きい方が小さい場合よりも還元されるのにもっとテンポが必要だという言い方は、際限なく分け続けることによって割り切れない最終のものに到達したいという科学者たちの願望が大間違いであるのと同じ意味において、大間違いです。テンポは唯一無比の条件なので、それよりも大きいとか小さいとか、少しとか、そんなことはあり得ません。要するに唯一無比です。還元が行われなかったとしても、そのテンポは間違いだったのではなくて、その時間内に次々に現れる響きに対する感情が残り、その残った感情が同時に進行する構造に還元されることができなかったのです。テンポが条件として存在することは絶対にありません。テンポが間違っていたから還元が行われなかったということはあり得ません。――テンポには、間違ったテンポも正しいテンポもありません。テンポは、テンポそのものが実存的にそこにあるというものではありません。これこそが条件です。

アマチュア専門家たちのあのテンポは正しかったという発言は、物理学の世界では成り立たないようなおかしな道理、乾いた水が上に向かって流れて高潮になるとでも言っているようなものです。物理的な時間の流れは、還元によって成立するより高度なまとまりの全てに何ら影響しません。テンポと速度は同じものだと解することは重大な誤りで、災いをもたらす危険性が最も高いのです。テンポは速度ではありません。テンポは、無です。しかし一連の響きによる現象が一つの統一体にまとめられるとき、一つの条件になるのです。前にも言ったように、その条件は、物理の世界と混同されますが——これは全く無関係なのです。

ゲーテの『ファウスト』が、今アメリカでは二時間の物語になっていると誰かが言ったら、私たちは何と言うでしょう？　だけどどうやって？　言葉は全部あった——それはあり得ます。意味も…？　そこでわたしたちは言うに違いありません。あり得ない！　わたしたち——ファウストを読んだことのある——わたしたちには、それは不可能だとしか思えません。

そのテンポは正しい〔むしろその速度は正しいと言うべきです〕その速度が正しいとわたしたちが思うとすれば、演じる人に何かが起こり、受け取る側にも何かが起こったということです。テンポは、それは正しいと言える何者かであり得るでしょうか？

テンポは、皆さんが他の人と同様に何らかの意味をその中に見つけることのできる何かであり得るでしょうか？　これについては何も言えません。熱は物を通して明らかになります。熱があることが明らかになるには、何か熱くなる物がそこになければなりません。けれども熱くなる物そのものは熱ではありません。

二つの同じ音同士のアーティキュレーションにも、膨張全体の中で自分の居場所と役割を保持している対立の過程が見られます。「膨張」とは何でしょう？　この空間的時間的な前進、あらゆる空間的時間的な膨張の本質は、この形成過程に関わる全てのアーティキュレーションの間にあり、漏れなく、そうであって他ではあり得ない性質を持った有機的な繋がりです。そこで活動する構成要素全部が互いに浸透し合うのです。補い補わせること、個別に維持しているそれぞれの形態あるいは論述的に表現したそれぞれの形状を忘れること、体験したことの全体とその各部分との逆転的な関係、これらは、互いに浸透し合うことのまぎれもない特長です。

フッサールが実にうまく言っているのですが、「意識の体験から生じる個々の行為は、分離しているのではなく、それ以前の、相互作用の限りなく広い有効性を、必然的に内包している」。一人の人間が、これほどはっきりと、明確に、自分自身の見たことを明文化したことは、かつてありませんでした。カントの術語が実に多重の有効性を持っていたことは、今日皆が知っています。それどころか自らの論理的な思考を積み重ねた帰結の全てが、哲学的前提の中に含まれていたということをコンピュータによって発見した論理学者〔…〕がいます。もちろんフッサールをそんなふうに研究した人はいません。これについてはまたあとでお話しましょう。

はっきりしているのは、一つの音をただ物質的に繰り返すことで、最初の音楽的構造を作ることはできても、対立を作ることはできないということです。しかしこの対立こそ、空間と時間の中で進む膨張を作り出すのです。それぞれの音楽的なアーティキュレーションは、膨張と圧縮の過程を表現しています。体験することの中に元からあり、空間的―時間的な次元に引き続きあり続ける――継続ということ――は、対立するという関係に依存しています。いつまで膨張し続けられるのでしょう？　膨張し続けられなくなるまでです！　それぞれの膨張の進展における、この重大で決定的な点(注13)を「頂点」といいます。

あらゆる形状の音楽的な建造物は、その膨張が外に向かう方向から内に向かう方向に向きを変えるこの転換点を中心に機能的に組み立てられていて、そこは最も枢要な点となります。唯一無比の重要性ゆえに、この点は、あらゆる形式主義から容赦なく切り捨てられています。膨張する間に起きることの全ては、圧縮される過程で有機的な還元を促進するという補足を受けます。そうでなければ、終わりは、始まりからの首尾一貫した避けることのできない結果にならないのです。一方、もし終わりが始まりの結果そのものならば、思考行為の場合と同じく、終わりは始まりと同時に、その場にあることになります。思考行為と音楽的行為は、両方とも空間的―時間的に継続しているうちに明らかになり形体を得ます。しかし本質からすれば両方とも時間的にではなく同時に進行しているのです。

(注13) きわどい、決定的な。

皆さんが「昨夜私が君に電話できなかったのは、母の帰りがとても遅かったからだ」と言うとき、「できなかったのは」と言う時点で何を言おうとしているか分かっています。お母さんが帰ってきたという結末を知っていますから。終わりは始まりに含まれていました。思考行為はそういうものです。つまり終わりは〔…〕始まりの中に同時に居合わせています。音楽的な行為の場合もまた同じです。終わりは始まりに含まれています。可能性ではなく事実として。かつて次のように言う指揮法の先生たちがいました。「始める前に、大事な四つの点をここに思い浮かべなさい。始めのところ、最大の膨張点、底のところ、そして最後」。ここに思い浮かべるって！

考えてみてください、どうやって…？　そうですね、実に手堅いですが…実際に私たちがやっていること（意識してやっているのではない）はまったく別のことです。

このように、創造的な行為は——思考行為でも音楽的行為でも同じですが——過去や未来に関するどんな条件付けとも無関係です。開かれた自発的な行為だけが、限りない機能を保証されるのです。

対立の実際の大きさは、自発的に活動し因習から解放されている精神によってのみ認識できます（リムスキー・コルサコフを「甘ったるい」と思っている音楽愛好家は、演奏会に自分の糖尿病を持ってきているのです）。対立は命を与える力の源であり、その成立、維持と継続を制限する責任を持っています。しかし全ての対立が力を生じさせたり継続を構成したりするわけではありません。互いに補足し補い合う関係にあるような対立だけが、別の言い方をすれば、膨張の活性化あるいは沈静化において一つまたは多数の共通するパラメーターを持っている対立だけが、還元する際に同一化していきます。

そしてそれを認識できるのは、自由で無条件な精神だけです。自由な精神だけが、対立している二つの音楽的原動力の対照的な傾向を追跡し、彼の中にある消すことのできない自由への熱望だけのために、自分を引きずり込んだ争いの終結を体験しようと、これほど自由でないものに聴き入り続けます。自由な精神は、諸対立が同一化していくことを通じて自由がどのように獲得されていくかを聴きます。つまり言い換えれば、自由だけが自由を知覚できるのです。自由、自由であること、自己を解放することは、自由な精神があらゆる二勢力対立の状況を取り除こうと活動すること、響きが音楽になることに成功することと全く同じです。

音楽は言葉ですか?　いいえ。音楽は、他の何者であろうとも、言葉ではありません。言葉は、一つの表象から他へと論理的必然性をもって進む場合に現れるしきたり上の象徴的な表現や、いろいろな意義を有効に意味付けるための表現として用いられます。言葉は、叙述的に外周をめぐりながらいろいろな道を通って一つの中心的で意味のある核心に至ることができます。音は、人間が逃れ去ることのできない種族、性別、状況、年齢のような固有で個人的な制限に全く関係なく、直接語りかけ、自由で無条件の反射作用を呼び起こします。音は、条件さえ整えば、間接的にではなく、受け手の激しい心の動きの世界と、解釈しようのない符合をします。

その条件とはどのようなことでしょう？　それは、自分の純粋な意識と現実との間にある色のついた被いを取り除き捨て去ることですが、受け入れる側の誰にでもできることではありません。空は青く、いつも青いはずなのに、湯気や霧そして雲が私たちとの間をさえぎります。しかし誰にでも、それを取り除き視界を開くことができる神聖な可能性が与えられています。言葉はそうでもこうでもあり得ますが、音楽の音は、そうであればそうとしかあり得ないのです。響きのもたらす影響に個人差があるとすれば、それは純粋な意識と現実との間に漂い透明度を下げている、自我に左右される知覚の濁りの差によるものです。純粋な意識が、あるようでしかない、というのは制約ではありません。この永久に同じであり続けるアイデンティティは、自らの天性、すなわち有効に作用し、万物に現存し、全てを包括する最終的な諸還元や、絶対的存在の神的な相互関係を、絶えず新たにし続けているのです。

しかしこれはいったい何のためになるのでしょう？　なぜ現象学なのでしょう？　今日の音楽活動を支配しているやっかいな事情を現象学は改善するのでしょうか？　いいえ、それは絶対にありません。自分自身の無知の快い温もりにどっぷりと浸っているのをやめさせることが現象学にできるのでしょうか？　どうすればよいのでしょう？　針や小銭を飲み込むことはできても――それを消化することはできません。けれどもそれが分かるのは早くて一晩後です。長い、時々終わりがないほど長い夜を現象学は短くすることができるでしょうか？　どうやって？　多くの同輩は、いろいろな経験ができる昼間に比べ、無知にどっぷり浸っているのを最も実感させるのは長い夜であるということを知っています。

現象学があれば、人は真の音楽によりたやすく行き着けるのでしょうか？　いいえ。神から授かった自分の天性に忠実である限り、人が真の音楽に行き着くとき現象学は常にその人とともにあります。現象学は、才能はあるが病気の音楽家や、健康だけれども非音楽的なテノール歌手たちのための特効薬(注14)ではありません。現象学はそのどれでもあり得ません。そして私たちに分かったことは、音楽の現象学を言葉で表そうとしても簡単にはいかないということです。

何が私自身を現象学に導いたのかを聞くことは、皆さんにとって興味深いことかもしれませんね。私はその存在を一九四五年よりもずっと以前から知っていました。そしてこの画期的で新しい思考方法に対する哲学的な興味と並んで、昔なら刑務所入りを確実に保証したであろう禁断の

(注14) 特別な薬。

果実のようなこの思考にたいそう刺激されました。

一九四五年、ヴァーグナーの《ジークフリートの牧歌》のオーケストラパートに残された、さほど勤勉でなかった一人のヴィオラ奏者の次のような書き込みを見つけました。ジークフリート・ヴァーグナー…三十分、ヴィルヘルム・フルトヴェングラー…二十六分、ジークムント・ハウゼッガー…十六分。これらの記録は、ベルナルト・ハイティンクという名のヴァイキングのカモシカの、まさか自分の足の速さを音楽で試したのではないでしょうが、十二分三十秒という驚異的タイムによって、音楽スポーツの栄光の記録表(注15)からあっさりと消されてしまったことを、私はあとになって知ったのです！　こんなことを続けるか、それとも詩的な牧歌の流れる中でこれもまた早業で女性を腕に抱くほうが良いでしょうか。

さて…戦い ――様々な局面で次から次へと現れる勝手気ままさとの容赦ない戦い。それに対抗する手段は人間自身の中にあるはずだというのが、私の信仰でした。

音楽における私の父、ハインツ・ティーセン(注16)は私に次のように警告しました。この研究は、もしかしたら君自身の中に秩序をもたらすかもしれないが、聴衆の共感の声をたやすく耳にすることはできまい。つまり還元できず、この一楽章形式の思考のシンフォニーを演奏するチャンスはまずないだろうと。

さあ、それでは皆さんの質問を待つことにしましょう…お気持ちは分かりますが、でもこんな質問はばかばかしいかもしれないなどと一人で考えてしまわないでください。尋ねる必要があるなら、どんな質問でもばかばかしくありません。そして何か分からないことがあれば、もう一度説明するために私はここにいるのです。私を鼓舞しているもの全てが間違いであると思う方がいれば、それを覆すディスカッションをする用意があります。

どうもありがとう！

（注15）フランス語から：栄光の記録表。

（注16）ハインツ・ティーセン Heinz Tiessen（一八八七〜一九七一）
ドイツの作曲家：一九二五年から一九五五年の間、ベルリンの音楽大学と音楽院の教授として教鞭をとる。

ディスカッション

ボックホルト教授のテーマとの関連についての質問

質問

〔…〕こう理解すればよろしいでしょうか、〔…〕つまり、先生は、音楽学者のインタープリテーションする能力を否定すると？

チェリビダッケ

その通り。音楽学者「だけ」ではありません。「インタープリテーションする能力」というのは――聴いたものから何かを作り変えるということは、私たちに許されることではないと思います。ミュンヘン在住のあるジャーナリストは私のことをいつもテンポが遅過ぎると言っていますが、彼らはこのジャーナリストと同様、多様性の全てを知覚していないのでしょう。――私たちの前には雑多な雑然とした音の素材があり、そこでは音同士が戦っているのですが、もしボウイングや強弱など、今この瞬間の構成においてある特定の関係が生じると、これまた実に不可思議なもう一つの響きの帯が四オクターヴ上に現れます。けれども、間違った教育によるのか、能力がなくてそのことに注意を促されなかったのか、意識をそこへ向けようとしないと皆さんはテンポの幅を全く感じとることができないでしょう。そこには何が横たわっているのでしょう？　雑多な素材だけがその本質でしょうか？　おやおや。この物質的な世界が、より高いもの（私たちはそれを「星の」と呼んでも差し支えないです）によって担われているということを、人間がまだ分かっていないとは。しかし、その世界がそこにあるということ、それを知るには耳は必要ありません。耳ではなく意識を向けることが必要なのです。

ラヴェルの《マ・メール・ロア》のような小品では、四オクターヴ上の響きの帯を出現させるため、ボウイングに信じられないほどのずれをつけるようにします。出現すれば私はそれを聴き、それから一つの［まとまり］を作るため物理的に少し多めに時間をかけます。もし皆さんに能力がなくてこれらの高いオクターヴを聴くことができなければ、テンポが遅過ぎると思うはずです。演奏しているホールの中で、多様性の中でとられた私のテンポ、私が実現させたテンポは――録音で聴くと、私自身その三分の一は遅過ぎると思えます。なぜでしょう？　その三分の一はマイクロフォンが感知できていないからです。私は、フルトヴェングラーがロンドンでヴァークナーの作品の一つを録音した後こう言ったのを聞きました。「何ということだ、これは私のテンポではない！　こんなにゆっくり指揮したことなど一度もない！」

そうです、マイクロフォンは多様性を感知できません。感知できないばかりでなく（最初の五オクターヴ以内で）現象の約二十八（パーセント）を録音しません。そのうえそれ自身の質量によって（金属の塊だから）もとのホールの中には決してなかったそれ自身の倍音を作ってしまいます。さあ、どうやってテンポが条件になれますか？　録音において――そのテンポは録音されたホールとまだ同じ役割をしているでしょうか？　いつから人類は音楽的にだめになってしまったのですか？（事実そうです！）録音するようになってからです。そしてテンポに関連して、皆さんに分かりやすく言うなら速度ですが――この場所にある多様性は他の場所には全くありません。と言うのは、ここで録音したものを、皆さんは他の多様性でいっぱいのバスルームで聞くでしょうから。

ボックホルト

〔…〕あなたの先ほどの質問は私に向けられたように思えました。そしてあなたの質問は、私がチェリビダッケ氏のインタープリテーションをする能力を否定するかどうかというものでした。それでよろしいですか？　あなたのそのような質問は、私が議論を試みたインタープリテーションという概念に対するふさわしくない理解の上に立っているのです、とお答えしておきましょう。そうです。私は、チェリビダッケ氏の音楽家としてまた指揮者としてインタープリテーションをする能力を否定するものではありません。ただ彼がしておられることは、ご自身もそうお考えだと私は思うのですが、厳密に言えば、インタープリテーションとは全く関係のないことです。

質問

〔…〕音楽家でなければ、いったい誰が本来インタープリテーションすべき人なのですか?

ボックホルト

〔…〕申し訳ありませんが私がお答えします。誰が本来インタープリテーションをすべき人なのか私には分かりません。そういう人がいるかどうか私には分からないのです。ただ私が思うのは、音楽のインタープリテーションや他の分野の芸術作品のインタープリテーションは、音楽家が活動する土台とは別の土台の上で行われている何かだということです。

つまり、あなたが私に直接お尋ねになるのなら、これは私の講演でも申しましたように、音楽がインタープリテーションをされるであろう範囲とは、最も広い意味で、音楽における理論的な仕事の範囲であるとお答えしたいと思います。その際とても重要だと思うのは、先ほども強調したつもりですが、音楽的に貫徹されることが前提である、ということです。一つの音楽作品を、ありのままに貫徹する、最初の音から最後の音まで貫徹する、言い換えれば、音楽することによって貫徹する、そういう人だけが、自分は音楽を理解し、音楽のインタープリテーションができると信じてよいのです。それをしない人は、いずれにせよ、本来音楽作品のインタープリテーションをすべき人ではありません。

質問

〔…〕この講演は教育的な手掛かりにもなります…そうなり得ると思うのですが…

チェリビダッケ

つまり、響きを音楽にする力を、自分自身以外のところに探し求めても無駄であるということを、学生一人一人に示すことが教育であるということになりますね？　今までのところあまり多くの成果は出ていませんが、私は努力を惜しみません——そして今の彼と私とでは、教え方が違うだけなのです。しかもほとんど差異はありません。——私はこのことを学生一人一人に示しています。

〔…〕

音楽の何が美しいのか、まだ話していませんでしたね。音楽は美しいのではなく、音楽は真実なのです。私が受けた最高の賛辞は、一人の老婦人からのもので、彼女はこう言いました。

「まさにその通りでした！」。それだけ。これ以上の賛辞は聞いたことがありません。さて、皆さんが高いオクターヴを出現させるために雑多な音を還元したり、響きを構成する技術的な手段を持ち合わせていないのはごく当たり前です。けれども皆さんが意識を集中しさえすれば私と同じようにそれを聴くことができるということも当たり前なのです。そしてほとんどの人がそうしているのですが、ただ何のことなのか分かっていないのです。

（すみません、自分のことを言うのはおこがましいのですが）こう言われたことがあります。「あなたが振るとオーケストラの響きが変わる」。同じように、若い頃ベルリンであるご婦人に言われたのですが、「あなたのホルンの響かせ方は天下一品！」。ホルンの響きのどこがそれほど天下一品なのでしょう？　このポジションでは：〈譜例34〉

譜例 34

（十度のポジション）。ホルンは音が発振するまでに最も時間がかかります（低いフルートだけがホルンより遅い）。この時間的な部分構造、つまり二つのCとGに知覚可能な継続性を持たせるために、全ての副次現象が還元に向かって集合するまでに、三分の一秒かかります。三分の一秒というのはメトロノームで180です！

〔…〕

シベリウスのヴァイオリン協奏曲は非常にうまく表記されています。Adagio molto ＝非常に遅く。いやそれどころかもっと Adagio di molto と。何を意味しますか？

〈譜例35〉

譜例 35

私がテンポを少しずらすということは、意思的なことではなく、最初のオクターヴのところの十〔二〕度の副次的現象が聞こえていないということです。少しだけ前に押すとホルンは何のように響きますか？ 何にでも聞こえますがホルンのようには聞こえません。いつホルンは響くのですか？ 彼らが集中して聴いて立ち上がらせる時です。

〈譜例36〉

譜例 36

ここの五度、ここのオクターヴ。その時だけ良い響きになります。それが[di molto]の表示になるのです。どう響こうが構わないという方は、なぜシベリウスがここにホルンを置いたのかという、彼の独創的な決定を知ることができないのです。

言い換えれば、同じフレーズを演奏しようとするとき、ホルンは、例えばヴァイオリンよりも、物理学の世界では遅くなります。ピアノ協奏曲の同じフレーズではピアノよりもオーケストラの方が遅いです。しかし還元するとはそういうことではありません。還元を知るために私は「一」で指揮棒を振りおろしてから何秒かかるかを計らなければなりません。「チェリビダッケは五秒長くかかった」。そう、人々のためではなく、還元のためにです。本当にその通りなのです。そこでは何が不変なのでしょう？　音楽としての機能です！

この意味で、一つ一つの現象が時間とともに再び離れて行ってしまうようなテンポでは、構成されることのない、時間上の無味乾燥な音の羅列以外何も現れません。そう、こうしたことを、私たちは音楽家としての教育を受けたとき教わりませんでした。私たちはどんなふうにしたと思いますか？　多かれ少なかれ本能的に――ここを少しばかり…ということでした。そうです、この愚かな怠慢から引っぱり出してくれたあの言葉、あれが私の人生で最も大切な言葉です。私はフルトヴェングラーに一度質問しました。「マエストロ、ここはどれくらいの速さですか?」彼はなんと言ったと思います?「それはね、響き方次第だよ!」。そうなのです! ♩＝42とかではなく、どう響くかなのです。ホルンはどのように響きますか? 同じ和声的、メロディ的、リズム的な緩急で——還元されていく精神に合わせて響くのです。ここは[Andante con moto]だと片付け仕事をしている人や、言葉だけの定義付けから何かいい加減な答えを引き出している人に、それはどのように聞こえるのでしょうか? それは何を意味しますか? なぜベートーヴェンは、イギリス旅行をしてから全ての速度記号を遅めに書いたのでしょう? 熱いプローベが、譜面の上ではなくホールで行われたからです。

これらの副次的現象のすべてが正しく聴こえるように譜面に書き込んだ作曲家たちは誰だったでしょう? 例えばベートーヴェンは違います。第九交響曲の中の、Presto ♩＝116とAllegro vivace ♩＝132、これはどういうことですか? Allegro vivaceの方がPrestoより速い? おかしくないですか? 彼はそれをさほど重要だと思わなかったので表面的な印象だけで書いたのです。ヴェルディは「レクイエム」に何と書いていますか? Largo ♩＝60。後にAndante moderato ♩＝58に書き換えました。どうして? AndanteはLargoよりもゆっくりですか? 彼は指揮者の立場で勘違いをしました。二分音符＝30とすべきところを四分音符＝60としてしまったのです。そういう状況だったのです。彼が記譜したものと彼が聴いていたものは違っていました。ヴェルディはイタリア語ができなかったと言えますか? ハイドンは一度も間違えませんでした。モーツァルトも。バッハは最初から何も指示していません。作品がすべてを教えてくれますから！

【「響きに反して作曲する」という作曲家の手法に対する違和感についての質問】

（チェリビダッケ）

響きは現実であって想像ではありません。現実に反して作曲するですって？

ボックホルト

あなたが思い描くような、自然の関係に反して作曲する作曲家はいないと先生は言っておられるのだと思いますよ。ホルンの響きが例えばこのくらいの長さが必要だという時に意識的にそれに反して作曲し、あなたが避けたいとおっしゃる、いわゆる効果を望む作曲家はいないということです。

チェリビダッケ

あいまいですね——再び自然な関係へと目を転じることにしましょう。ホルンがホルンと違う鳴り方をすれば自然ではありません、そして時間的な制約が響きの成り立ちの中にあるのだから、それに反して何をしたいというのでしょう？

質問者　非現実的な言葉がまた出て来ましたね！

チェリビダッケ　なぜ非現実的なのですか？　ホルンがあれになったりこれになったりするものではありません。ホルンはできて以来ずっとホルンです。どういうことです。ホルンが同じではないとは？　では、私たちはどのようにしてモーツァルトホルンと他の楽器たちと一緒に調律できるのですか？　もし同じでないのならば？　きりがないですね、これは！

質問　［訳注・記録なし］

チェリビダッケ　もちろん、音楽について私は何も言えませんが、音楽になり得るものについては――響きです――とてもたくさん言うことができます。音楽の本質は何か、どう説明すればよいのでしょう？「音楽」とはこうである……――と言える教授たち、ああ、彼らの方がうんと楽ですよ！…

一つだけお願いします、音と人間の関係は唯一無比である――そうでありそれ以外ないという関係であるということを分かろうとしてみてください。そして、皆さんがとにかくそれを自分自身で体験すれば、それがどのような段階であっても、そこには同じ関係が成り立っており、そうでない場合などないということが分かります。今日でも私たちはジョスカン・デ・プレの世界を思い浮かべることができます。私たちは現代の響きで思い浮かべているのですが（当時の完璧に働いていた音の因子たちを聞くことはできないですが）――それでも、音楽への扉はいつでも開きます。音楽においてはすべてが唯一無比です…繰り返しなどありません。ベートーヴェンの《第五》があるのではなく、その瞬間にできあがるのです。同じ楽譜やその他の音楽記号の数々がベートーヴェンの《第五》ではありません。しかしそれよりもドラマティックなのはもう一つの認識です。ベートーヴェンの《第五》に選択の余地はないということです！　生じるか生じないか。僕は《第五》を結構うまく振ったって？　いや、それはだめです。ひどい、もっとひどい、まあそんなもの…生じたら、皆さん、演奏者、関わった各々にとって、それは終わりであって同時に始まりです。そうでないというなら、私たちは終わりのないディスカッションに入ってしまわなければならなくなるでしょう。

音楽に選択の余地はなく、したがってインタープリテーションもない、ということです。

第二部

音楽は、君自身だ――チェリビダッケの軌跡

石原良哉

チェリビダッケという指揮者がいる

チェリビダッケという名前が日本の音楽ファンの間で知られるようになったのは四十数年前のことであろう。

現在のように多くのオーケストラが来日公演を行うようになったのは一九七〇年の大阪万博の頃からであり、それまで日本国内の音楽ファンのほとんどはもっぱらレコードによって海外の名演奏を鑑賞していた。またレコード以外の音楽鑑賞の対象として「音楽映画」というものがあった。

一九五四年、ドイツでBotschafter der Musik（音楽の大使）という音楽映画が制作され、およそ十五年後、韮沢《にらさわ》正氏らの努力によって「フルトヴェングラーと巨匠たち」という邦題で日本公開された。そこに登場したのが三十八歳のチェリビダッケである。映画にはフルトヴェングラーを始めリヒァルト・シュトラウス、ワルター、ベームなどが登場するが、フルトヴェングラーの次に演奏収録時間の長いのがチェリビダッケであり、《エグモント》序曲がカットなしで映し出され、この映画の見どころのひとつとなっている。

私にとって初めてのオーケストラ体験は小学校五年生のとき父に連れられて京都会館で数回聴いた京都市交響楽団のコンサートであったが、転居によってオーケストラを聴く機会がなくなりレコードとテレビの「NHKコンサートホール」が唯一の音楽媒体となった。当時のレコードの価格は一枚二千円程度、学生が簡単に買えるものではなかったが、それでも少しずつ所蔵数を増やし高校生の頃にはすっかりフルトヴェングラーファンになっていた。そしてある日、同じく熱心なフルトヴェングラーファンだった某大手スーパーの家電売り場の店長氏が「フルトヴェングラーそっくりの指揮者がいる」と言ってこの映画のサントラ盤（サウンドトラック盤。映画の音声のみをLPにしたもの）の《エグモント》を聞かせてくれたのである。

映画を観る機会はなかったが上映時のプログラムのコピーが手もとにあり、そこには「セルギュ・チェルビダッケ」とか「ケルビダッチェ」とか表記されており、チェリビダッケという名前がまだ日本で浸透していなかった様子がわかる。

それにしても今はなんと便利な時代であろう。あの頃どうしてもこの映画を観たいと思った私は韮沢氏に手紙を書き丁重なお返事までいただいたが、上映予定はなく機を逸したままであった。ところが、レーザーディスクそしてDVDやブルーレイが普及し、自宅でいとも簡単に観ることができるようになった。また、以前なら希少価値を持っていた会員限定盤などの録音が、今ではいろいろなメディアや録音方式によってクリアな音質で再発売され、簡単に入手できるようになっている。ある演奏家に「私たちは過去の演奏家とも競争しなければならないので大変ですよ」と冗談を言われたが、録音の世界では、確かに過去の演奏も現在の演奏も今という同じ時間を生きているのである。

「永遠のマリア・カラス」という映画がある。声が衰え隠遁しているカラスに、友人の敏腕プロデューサーが現在の映像と過去の録音を組み合わせたオペラ映画を制作しようと働きかける。カラスの心はかつての声の「復活」に揺れるが、結局それは偽物であると言い完成したフィルムを廃棄させてしまうというストーリーである。

では現在日常的に行われている複数のテイクから良い部分を貼り合わせてひとつの曲のCDを制作することは偽物なのであろうか？　もっと言うなら、演奏は録音された瞬間から「過去」のものではないのか？　そう。現代の演奏家であれ、二十世紀の演奏家であれ、録音はその演奏家の過去の記録である。

さて、チェリビダッケの名が日本の音楽ファンの間で知られるようになってきたが、本人が販売目的の録音を拒否していたため、名前は知られていても海賊版以外にレコードがないという状態が続き、日本のマスコミは彼を「幻の名指揮者」（「巨匠」とは言われていなかった）と呼んでいた。

その状況が変化したのは「エアチェック」という言葉が一般化しだしてからである。ラジオでFM放送が始まり、自宅で十九センチや三十八センチのオープンリールテープやカセットテープに良質な音で「ダビング」できるようになった。ヨーロッパの放送局が放送したチェリビダッケの演奏をNHKのFM放送を通じてダビングできるようになったのである。

それは一九七〇年代。チェリビダッケはシュトゥットガルト（南ドイツ）放送交響楽団とフランス国立放送管弦楽団（ＯＲＴＦ）を定期的に指揮しており、ミュンヘンフィル時代のひとつ前の黄金期を迎えていた。ブラームスの交響曲第四番を始め、ラヴェルやブルックナーなどのライヴ演奏が現地の聴衆の熱狂的な拍手とともに放送され、遠く離れた日本にいる私たちはその精緻で熱い演奏に魅了されるようになった。現在その多くがＣＤ化されているが、手元の記録を見ると一九七〇年代前半の演奏では次のような曲目が放送されている（日付は演奏期日）。

シュトゥットガルト放送交響楽団
シューベルト：交響曲第五番変ロ長調
ブルックナー：交響曲第四番　（以上一九七三年十一月九日）
モーツァルト：ヴァイオリン協奏曲第五番（ヴァイオリン：ロニー・ロゴフ）
　　ミサ曲ハ短調　（以上一九七三年十一月三十日）
ケルビーニ：《アナクレオン》序曲
ワーグナー：《トリスタンとイゾルデ》より《前奏曲と愛の死》
ラヴェル：《ダフニスとクロエ》第二組曲　（以上一九七四年三月八日）
ストラヴィンスキー：《妖精のキス》
モーツァルト：交響曲第三十九番
ブラームス：交響曲第四番　（以上一九七四年十一月二十九日）

ブルックナー：交響曲第八番　（一九七四年十二月二十日）
ベートーヴェン：交響曲第八番　同第三番　（一九七五年三月二十一日）
ブラームス：交響曲第二番
チャイコフスキー：《フランチェスカ・ダ・リミニ》
ラヴェル：《ボレロ》（以上一九七五年四月十一日）
フランス国立放送管弦楽団
プロコフィエフ：《ロメオとジュリエット》
シューマン：ピアノ協奏曲（ピアノ：マルタ・アルゲリッチ）（以上一九七四年六月四日）

一九一二年生まれのチェリビダッケは当時六十代前半、イオアナ夫人との間に授かった一人息子のセルジュが可愛い盛りという、若さが残る心身ともに充実した時代の演奏である。

演奏の内容は後述するとして、晩年のミュンヘンフィルではブルックナー一曲のみというプログラムが組まれていたが、ご覧のようにシューベルトの五番とブルックナー四番といったプログラムが演奏されていた。

放送を聴いていると演奏中に「シャン」というような音がする。最初は何の音かわからなかったがやがて「ティー！」という声が聞こえて、声の主がチェリビダッケだとわかりその白熱ぶりに驚いたものである。その頃「ステレオ芸術」という雑誌があり、そこにブラームスの交響曲第四番についてフルトヴェングラーとチェリビダッケの演奏を比較した文章を投稿して掲載された覚えがある。どちらも録音を聴いただけで書いていたわけで、今思うと冷や汗ものである。

まだ録音でしか耳にしていないチェリビダッケの演奏だったが、他の演奏との違いを最も感じたのは、鏡のように滑らかな、底まで見通せるような透明な響き、そして揺るぎない構成と生き生きとした躍動が一体となっていることであった。

シュトゥットガルトのチェリビダッケ

自分の人生に決定的な影響を与えるような人物と出会うとき、いくつかの偶然やチャンスが巡ってきて私たちをその人のもとに導いてくれる、という体験をした方がたくさんおられると思う。

私の場合、スーパーの電器店の店長氏にチェリビダッケのエグモントを聴かせてもらい、ラジオのFMでシュトゥットガルト放送交響楽団との演奏が次々に放送され、実際の演奏を聴いてみたいと強く思うようになった。そしてあるとき新聞を広げているとシュトゥットガルトの音大（ムジークホーホシューレ）に子どもさんが留学しているという方の文章が目に飛び込んできた。早速連絡を取るとチェリビダッケのコンサートによく行っているとのことで、シュトゥットガルトのチェリビダッケのもとを訪問する道筋がついたのである。今思い返しても一直線にチェリビダッケのもとへと導かれていったように思う。

一ドルがおよそ三百円だった一九七六年十二月、エアチケットをローンで買った私はソ連（今のロシア）国営のアエロフロート機に乗り込んでいた。現在と比べ何かと不便だった当時だが、機内食には毎回本物のキャビアがついていたのを覚えている。

四十年前のシュトゥットガルトは、中央駅のてっぺんについているメルセデス・ベンツの大きなスリーポインティッドスターが目立つ落ち着いた雰囲気の都市だった。マルクトプラーツ（市場広場）の地下にある戦時中の防空壕を改装した窓のないホテルや居酒屋の二階に泊まりながらコンサートや美術館に通った。どんより曇った日が多く時折冷たい雨や雪が降り、日に日に寒くなっていく。

十二月四日、そんな曇り空の下をハイデルベルクに向った。「フルトヴェングラーの墓はハイデルベルクにある」という知識だけを持って、あとは現地で探せば何とか見つかるだろうと思って出掛けたのだが知っている人は少なく、哲学者の道などで何人かのドイツ人に尋ねるうちにようやくたどりつくことができた。現在ならインターネットを使えばいとも簡単に見つけられるからそんな苦労はしなくてもよいのだろうが、人々とのコミュニケーションを楽しみながら目的地に到達することで得られる充実感は、お金はないが時間がある学生に与えられた特権であると思う。

自分が音楽で身を立てることなど有り得ないと分かっている大多数の人々にとって、音楽は、就職すると同時に、仕事で疲れた心をリフレッシュするための手段のひとつになっていく。日本ではヨーロッパ並みに長期の休暇を取ることなど定年になるまで有り得ない。そして心は加齢とともに乾いていく。そう思って大学を卒業する前にフルトヴェングラーとチェリビダッケという二大巨匠に会う旅を計画し、すでに亡くなっているフルトヴェングラーについては墓参したのだった。静かな一角で墓碑銘を読み、坂の上の墓をあとにした。

翌十二月五日、ギリシャ人学生の運転するポンコツVWに乗り込み放送交響楽団の練習場へと急いだ。今日はプローベの初日である。八日までここでリハーサルがあり、九日には午前十時からのゲネラルプローベと夕方のユーゲントコンツェルト、そして十日はリーダーハレのベートーヴェンザールで定期演奏会が開催される。

午前九時三十分、玄関前に白色のベンツが着き、一人の老人が降り立った。うしろになでつけた白い髪、深いしわのある顔に高い鼻、チェック柄のジャケットからは太ったセーターがせり出している。玄関で受付にあいさつしたあと再び外に出て、景色を眺めている。セルジュ・チェリビダッケ。戦争直後のベルリンフィルを首席指揮者として苦楽を共にしながら再興し、フルトヴェングラーの首席指揮者復帰に尽力し、四百十四回ものコンサートを指揮した伝説のマエストロが今、目の前にいる。

「君は音楽学生?」

(放送で聴いたシュトゥットガルト放送交響楽団の演奏が素晴らしいと言うと)

「ここはもう辞めるよ。メンバーのうち三十人が限界に達しているからね」

（日本では先生の《英雄》をオーソドックスな演奏と評していました、と言うと）

「オーソドックスとはいったい何かね？　間違いだらけの批評は、いずこも同じだな」

「ブルックナーは素晴らしい。フェノメナ（Phenomena）だよ！」

彼の周りにはいつもあとを追ってくる学生やファンが集まりだした。そこでプローベの時間になった。練習会場の壁は木張りになっていて、舞台の前に座席が何列か並んでいる。

舞台には木管群だけが座っており、詳細な解説のあと、ヒンデミットの《フィルハーモニー協奏曲》の第四変奏が浮かび上がる。

初めて耳にしたチェリビダッケとシュトゥットガルト放送交響楽団の生の響きはラジオ放送からは想像もできないものであった。あの最初の一音が、今も心の中に聞こえてくる。

少し進むとすぐに止めて、オーボエやファゴットに何度も注意する。これが一時間ほど続き、弦が加わった。各フレーズの強弱やボウイングを細かく注意し、楽団員はメモをする。指揮者用の高椅子に腰掛けた足元には楽譜が投げ出されており時々見ては足元に戻す。こちらからは横顔しか見えないがトロンボーンの山本さんの話ではとてもこわい顔をしているそうだ。フルオーケストラになったのは正午からであった。途中で二十分程度の休憩を何度か挟み、その時はロビーに出て学生やファンの質問に答えている。

二時頃プローベが終わると、「クルス（講義）をするから来なさい」と言われ、ピアノがある階上の部屋に移った。

「質問は?」という言葉でクルスが始まる。次々に出る質問に、チェリビダッケは質問者の言語に合わせてドイツ語、フランス語、スペイン語、英語で答える。

次は指揮のレッスン。今日はアウフタクトの練習である。マエストロが私の両手を持ってさっと離すと、腕は重力に従って下に落ちなければならない。そして腕が止まったところからアウフタクトや一拍目を表現することができる。機械のような動きや型通りに拍子を振るのとはまったく異なる教え方である。あるいは私に指揮をさせ、マエストロがオーケストラ役になって《マイスタージンガー》序曲を歌う。これを受講者全員が行う。そこで例えば身振りが小さすぎると彼の歌声も小さくなり身をすくめてしまい全員が爆笑する。

次にピアノに向かい三拍子と四拍子が混ざった複雑なリズムを弾いて皆に答えさせる。後日この曲は彼の自作《タッシェンガルテン》の一部であることがわかった。

そのうちにベートーヴェンの第五交響曲の冒頭が話題になり、二十一小節目を物凄い形相で弾いて見せた。そして曰く、

「ヤポーニッシュ・イディオット!(馬鹿な日本人)」

もちろん冗談であり彼も笑いながら言ったのだがこれはひどい言葉である。また、

「日本の指揮者は、音符は読めてもスコアを理解できていない」

など、一日目にしていくつもの毒舌を楽しむことができた。ほかに悪い指揮の見本として彼が実名を挙げていたのはハンス・スヴァロフスキーであった。もちろん日本の指揮者でも正しく演

奏している人はいるのだが、どのような指揮が音楽的でないのか、このような表現によって端的に示そうとしたのである。

では、先ほどの二十一小節目はどのように演奏すれば良いのか？　これは音楽の現象学に関わる好例なので少し触れておくと、二十一小節目の四分音符は前後の小節と比べて強度と緊張度が少なく、したがって力んで演奏する必要がない。物凄い形相で弾くとすればそれは次の二十二小節目のフォルテシモであろう。このように音楽の現象学では常に他の部分や曲の全体の構造に注意を向けて演奏することが求められるのである。

メモをとる時間もないほど次々に話題が巡り、あっという間に初日のクルスが終わった。時計を見ると四時頃、辺りが少し暗くなりかけていた。

翌十二月六日、朝九時三十分からリハーサルが始まった。この日はヒンデミット、メンデルスゾーンの《フィンガルの洞窟》序曲、チャイコフスキーの《悲愴》の第一楽章の提示部と第三楽章の一部を練習した。普通の（チェリビダッケ指揮以外の）オーケストラであれば一日でもっと効率的に進みそうなものだが、チェリビダッケはオーケストラのほとんどのメンバーが自発的に音楽を共有する域に達するまで根気良く練習を続けるのであった。

十二月七日、チャイコフスキーがかなりまとまってきた。この日は彼が「こんど紹介するよ」と言っていた三十五年来の友人のクニーリム博士が来ていて、練習のあと博士が知的障がい者のために開発した小さなハープを制作している工房に案内してもらった。そこでマエストロ本人に聞きたくても聞けなかったフルトヴェングラーとの関係について尋ねてみたところ「彼は、フルトヴェングラーのことを本当に敬愛していたんだよ」と教えてくれた。確かに、今回のプログラムにヒンデミットのフィルハーモニー協奏曲があることが、それを物語っているように思えた。

八日、練習の最終日なのに大変なことが起きた。オーケストラのホルン奏者が急死してしまったのである。マエストロと最初に会った日に「十一月に演奏したブルックナーの交響曲第八番はホルン奏者が良かったおかげで先回より思い切って演奏できた」と喜んでいたのだが、その方ではないようにと祈りたい気持であった。全員で黙祷のあと練習が始まったがクルスは中止された。

ところで、シュトゥットガルトでは毎日多くの演奏会が開かれており、クルスから帰って食事したあと聴きに行った。例えば「シュトゥットガルト教会音楽シリーズ」では、教会でF・ディースカウの歌唱とペンデレッキの指揮でペンデレッキ自作の《マニフィカート》を聴いた。また、ミサ曲や《クリスマス・オラトリオ》は十二月という時期でもあってコンサートピースというより宗教的儀式として演奏されていた。リーダーハレには大ホールのベートーヴェンザールのほか小ホールのモーツァルトザールがあり、そこでA・ブレンデルのベートーヴェンソナタ連続演奏会を聴いた。州立歌劇場ではバレエのほか《マイスタージンガー》や《ボリス・ゴドゥノフ》などのオペラを頻繁に上演しており、いずれも数百円で入場できた。

九日の午前十時、ゲネラルプローベ（GP）が始まる。日本や他のオーケストラのGPは非公開であることがほとんどだが、チェリビダッケのGPはたとえ演奏会のチケットを買えない人でも自由に入場できる。また、GPとは言ってもプログラム通りに全曲を「通し」で演奏するので本番との違いは燕尾服か私服かということだけであった。プログラムは、メンデルスゾーンの《フィンガルの洞窟》序曲、ヒンデミットのフィルハーモニー協奏曲、休憩のあとチャイコフスキーの《悲愴》である。第三楽章のあとで盛大な拍手が起き、指揮者も振り返って喝采に答えた。

GPのあとマエストロと少し話をしていると、「来年日本に行く。新聞社のオーケストラを指揮するよ」と言われた。幻の指揮者の初来日のニュースを本人の口から聞いてびっくりしたのだが、それは一九七七年十月の読売日本交響楽団の公演のことであった。

夜のユーゲントコンツェルトの前、楽屋口の外の脇の椅子に燕尾服の上からいつもの紺色のコートを着たマエストロが口元にしわを寄せて座っていた。「寒くないですか?」と言うと首を横に振り、「素晴らしいコンサートになると良いですね」と言うと首を縦に振った。そして楽屋口に入る楽団員一人ひとりに会釈するのだった。

ユーゲントコンツェルトは若い聴衆で満席であった。どの国でもクラシック音楽の聴衆の高齢化が指摘されているが、このように若い世代が定期演奏会と全く同じプログラムを低料金で聴けるシステムが今の日本のオーケストラにあるだろうか?

同一のプログラムがいろいろな形で公開され、最後に十日の定期演奏会で演奏された。定期では聴衆の年齢層が高くなってくるが、演奏のあとの喝采はこの日がいちばん熱狂的だったような気がする。

《フィンガルの洞窟》は冒頭からチェリビダッケならではのフレーズの収め方が際立つ。ヒンデミットでは透明な響きの中で各パートが反応し合う受け答えの妙に温かささえ感じられる。プログラム最後の《悲愴》第四楽章では二人のティンパニ奏者が演奏していたが、弦楽器パートはティンパニやブラスの大音量にかき消されるどころかかぶさるように明瞭に響き、熱く圧倒的でありながら精緻なクライマックスを築き上げた。充分な静寂のあとためらいがちに始まった拍手は、大きくクレッシェンドしてブラヴォーコールとともにホール全体を震わせ、オーケストラは何度も起立着席を繰り返した。

チェリビダッケは満足そうに車に乗り込み、心はすでに翌日帰るパリの自宅に向っているようだった。

初来日——読売日本交響楽団

一九七七年十月十日午前十一時二十分、チェリビダッケは日本への特別な思いを持って羽田空港に降り立った。

読売日本交響楽団の創立十五年記念公演のため招請され、十一日のマスコミ会見、十二日からのリハーサルとともに、十三日から十六日及び二十二日から二十五日までの八日間、本人の希望によりゼミナールが開催された。初来日公演は四回行われ、日程、会場とプログラムは次のとおりであった。

十月十八日　午後七時　東京文化会館
メンデルスゾーン：《真夏の夜の夢》序曲
ラヴェル：《マ・メール・ロア》
バルトーク：《オーケストラのための協奏曲》
十月十九日　午後七時　東京文化会館
プログラムは十八日に同じ
十月二十八日　午後七時　神奈川県民ホール
ベルク：ヴァイオリン協奏曲（ヴァイオリン：ロニー・ロゴフ）
ブラームス：交響曲第四番
十月二十九日　午後七時　東京文化会館
プログラムは二十八日に同じ

ＮＨＫで放送されたシュトゥットガルト放送交響楽団との演奏と同じ曲目も含まれており、「幻の名指揮者」の公演は音楽ファンの間で大きな話題となり、非常な期待と緊張をもって迎えられたが、チェリビダッケ自身も、日本側と同じく、あるいはむしろそれ以上の期待をもって初来日に臨んでいた。
そのような両者の意気込みが当時の初来日公演のプログラム冊子にも表れている。チェリビダッケは読響側からの書面によるインタビューに回答を書くと同時に日本にあててメッセージまで寄せており、それらが三ページにわたって掲載されている。ここにメッセージの一部を紹介しておこう。

「さて、太陽の昇る国に挨拶のことばをおくるときが来た。（中略）かくして、今や私は、われわれ自身のなかにも存在しないようなものは何ひとつこの世に存在しないということを、われわれのひとりひとりが見出すために必要ないっさいの条件を、つねに変らぬ日本的なやりかたでひとつに結びつけようという理想を心に抱きそういう意志を身にそなえて、あなたがたのなかにいるのだ。（以下略）」

インタビュー及びメッセージの訳は粟津則雄氏によるものだが、チェリビダッケの語り口を直接的に伝えようとする姿勢が感じられる訳であると思う。日本語として見るとやや回りくどい印象がなくはないが、チェリビダッケは、音楽について講義する場合など、ときに慎重に言葉を選び相手が少しでも正確に理解できるよう努めていたので、それをまたなるべく正確に伝えようとするとこのようなスタイルの訳になると思う。

同じ冊子の中で諸井誠氏が「チェリビダーケ」と表記しているが、片仮名の日本語ではこれが最も原語に近い。いったいなぜ日本語では「ダッケ」になっているのか不可解だが、「チェリビダッケ」という表記が現在最も一般的な表記になっているので本書でもやむを得ずこの表記で統一している次第である。

氏名の表記に関して、何度か書いたが面白いエピソードがある。実は「チェリビダッケ」あるいは「チェリビダーケ」自体が、本名と違うのである。正しい綴りは CELEBIDACHI（チェレビダーキ）であり、この間違いはベルリンフィルハーモニーのデビューのとき始まっていた。本人も今さら訂正しようとしなかったので、CELIBIDACHE が言わば通称となって今日に至っているのである。

ことほど左様に、物事は一度そう言われたり書かれたりして広まるとそれが独り歩きして容易に訂正できなくなるものである。同じ冊子に誕生日が「六月二十六日」となっているがこれは誤りであり、正しくは「七月十一日」あるいはルーマニアの旧暦では「六月二十八日」である。いまだに誤った誕生日が載っている印刷物を見かけることがあるから、まだまだ正しい日を言い続ける必要がありそうだ。

この冊子や読売新聞の記事などによって誕生日以外はチェリビダッケについて来日前よりもかなり正確な情報が伝えられるようになったが、一部のマスコミには「録音嫌い」などその「変人」ぶりが興味本位に報道され、アウトサイダー的な扱いを受けていた感は否めない。日本では

初来日。送迎用の車の上で。
1977年10月 読売日本交響楽団練習所。

ベルリンフィルとウィーンフィルが世界の二大オーケストラとして権威づけられているが、そのベルリンフィルと四百十四回のコンサートを行い再建に尽くしたという事実がもっと強調されても良かったのではないだろうか。

　十二日から読売日本交響楽団の練習所で行われてきたリハーサルは、十七日、東京文化会館に場所を移した。本番当日に通すのではなく前日から本番と同じ会場で約四時間にわたって入念にリハーサルが行われたのである。十時三十分から十三時のコマで、オーケストラが練習所と同じように演奏していると突然雷が落ちた。

「あなたたちはホールの響きに支配されているのだ。この響きであれば、もっと豊かに音を出すか、さもなければ私がもっと速く振らなければならなくなってしまう」

「こんなことで明日コンサートだって？　信じ

竹の下でまどろむ。
1977年10月 読売日本交響楽団練習所。

られない！」

オーケストラはかなり緊張していたのか、練習場での注意点を守る方に意識が行ってしまって実際のホールの響きに順応しきれずにいたのかもしれない。しかし、人間の脳は昼食を摂ると柔軟になるのだろうか、十四時からのコマでは前半とは見違えるような自由さを感じる演奏になっていった。

その模様を私は国立音大の学生と舞台の上手の袖辺りで見ていたのだが、指揮しているチェリビダッケと視線が合ってしまった。するとマエストロは振りながら指で「来い、来い」と合図してくる。ついには演奏を止めて「さあ、来なさい」と言われた。そうなると舞台に上がるしかない。こうして十六時までの二十分間、コントラバスの横に座って《マ・メール・ロア》のリハーサルを見学することになった。

今では日本でもオルガン席のあるホールが普通

にあり、演奏中の指揮者を前から見るのはたやすいことだが、当時それができたのはオーケストラのメンバーだけである。

チェリビダッケはどの指揮者にもないような一心不乱な形相をしている。《マ・メール・ロア》の《妖精の園》が緩やかな動きで始まり、非常な緊張感と豊かな色彩を保ちながら長いクレッシェンドを辿って大音響となり、余韻を残しながら消えていった。

「何という素晴らしさ。あなたたちは、私が思っていたよりもずっと素晴らしく演奏してくれた！」

「私は、皆さんとの条件さえ折り合えば、三月にまた共に演奏したい。曲目を考えておいてください。さあ、踊って、ビールを飲んでください。では、明日二時！」

こうして十八日の初公演が披露されたのだが、メンデルスゾーンは気に入った出来ではなかったようだ。ラヴェルは終曲のコントラバスの響きの高揚が乏しくチェリビダッケは手を振り上げて喚起したが応えられなかった。後半になると皆がリラックスできたのか、バルトークは大体納得できた様子で（最終曲のせいもあってか）パート毎に全員が起立し喝采を浴びた。チェリビダッケ本人は「まさしくそうだった」にいくらかの余地を残していると思っていたのであろうし、まだまだ多くのことを改善したかったであろう。しかし私たちにしてみれば今までに耳にした経験のない奇跡のような演奏であった。翌十九日も、日本のオーケストラの繊細さや集中力が凝縮されていたのは間違いない。

来日日程も後半に入り、ベルクとブラームスのリハーサルが始まった。

ベルクのヴァイオリン協奏曲のソリストを務めたのはイスラエルに生まれシゲティに学びチェリビダッケを深く尊敬していたロニー・ロゴフである。ロニーとは二〇一四年に三十七年ぶりに再会したが、現在もチェレビダーキ家の大切な友人である。

リハーサルはベルクの作曲の動機についての解説から始まり、モティーフの元になっている心理を説明して演奏するうえでの理解を助けていた。そして曲のクライマックスについて、

「ベルクはスコアの中に〝ここがクライマックス〟と書き入れた唯一の人だが、残念ながらその場所はクライマックスではない」

と言って皆を驚かせた。

チェリビダッケのリハーサルというと厳しく張り詰めた雰囲気を想像しがちだが、指揮者が本当に求めていたのはオーケストラの全員が自らの意思で正しい演奏をしてくれることであった。そのためにあるときは全員が高い音楽性を得るまで妥協なくリハーサルを貫徹し、ひとりひとりが自由な気持ちで演奏しながら音楽を生み出して行くようになる。メンバーがパートや楽器間の相互関係に気づかない場合や全体のバランスが崩れそうになると、チェリビダッケはすかさず注意を与える。

それがよくわかるのはソロ楽器が演奏する場面である。

ブラームスの第三楽章ではトライアングルに向って、

「もっと音楽の中に入って！」

打楽器の演奏家はときに演奏全体を方向付ける要になるが、決して自分だけで演奏しているのではない。その時その瞬間に演奏されている他のパートと自分はどういう関係にあるのか、常に注意して演奏することで音楽が成立する。音量の強弱が打楽器の主な機能であっても、他の楽器や他のパートの響きに対峙しあるいは同調することによって、音楽の流れや色彩感まで表現できるのである。メゾフォルテだけの打楽器演奏など有り得ない。

第四楽章ではフルートに向って、

「マエストロ、あなたの自由なテンポで演奏してください！　もっと自由に！　あとはこちらが合わせるから！」

このパッサカリアの一節はフルートのソロに和音が追随してできており、アーティキュレーション、テンポは、フルート演奏家の音楽性にかかっている。指揮者がその演奏家を信頼してテンポをゆだね、演奏家は自分が持っている力量のすべてを注ぎ込む。それが正しく行われるとき、あの伝説のブラームス第四番が生まれるのである。

十月二十八日と二十九日のベルクとブラームスは、各パートに良いバランスが生まれていた。ベルクではロゴフとオーケストラが音楽的な写実を充実した響きで描き出し、初めてのリハーサルと今演奏されている響きの豊かさの違いに驚きと感動を覚えた。

ブラームスの最後の音が消えるや否や早過ぎる拍手が始まり、会場は感動の喝采に包まれ、アンコールとして同じ交響曲第四番の第三楽章が演奏された。終演後はサインを求めて多くの人が並び、チェリビダッケは一時間近くかけて全てのサインに応じていた。

読響とは一日の大半をかけてリハーサルを行い、昼食も練習所で共に摂り、丼のご飯を口に入れ味噌汁を啜るうちにお互いがお互いの流儀に慣れて行ったように思う。

一九七八年三月、二回目の来日公演が始まった。

プログラムについて初来日のリハーサルの休憩中にオーケストラ側から打診されると、

「なんでも良いよ」

と答えていたが、近い時期にドイツやフランスで取り上げていた曲目が多く含まれており、チェリビダッケの意向が反映されているように思えた。

ドイツ・オーストリアはもちろん、フランス、イタリア、ロシアの作品で構成され、華やかなオーケストレーション表現を要する曲を終曲に据えた意欲的なプログラムである。

三月七日　午後七時　東京文化会館

シューマン：交響曲第四番

ストラヴィンスキー：《ペトルーシュカ》より三つの踊り

ドビュッシー：ノクターン

ラヴェル：《ラ・ヴァルス》
三月八日　午後七時　東京文化会館
プログラムは七日に同じ
三月十七日　午後七時　神奈川県民ホール
モーツァルト：交響曲第四十一番
ヴァーグナー：《トリスタンとイゾルデ》より《前奏曲と愛の死》
レスピーギ：交響詩《ローマの松》
三月十八日　午後七時　東京文化会館
プログラムは十七日に同じ

シューマンは、チェリビダッケの特徴と一般に言われている〝フレーズの終わりをディミヌエンドすること〟がよく分かる演奏で、批評では〝青白いシューマン〟と書かれていたような記憶がある。実際はそこをディミヌエンドしてくださいなどと指示しているのではなく次のフレーズとの関連や今どのパートが音楽上優先されるかといった流れのなかで強弱やテンポが動いていくのだが、その部分だけをとらえて〝チェリビダッケはディミヌエンドが特徴だ〟などと考えるのは的外れというものであろう。漫然とメゾフォルテで鳴らしている演奏に慣れた耳にはチェリビダッケのシューマンは線が細いと思えたのかもしれない。しかしチェリビダッケの演奏にそのような安易さはない。だからこそ第三楽章から第四楽章に至る経過に全曲のクライマックスがあることを明らかにできるのだ。

ストラヴィンスキーでは古典作品にないアクセントやリズムが多用されているが、チェリビダッケはそれらの関連性を明らかにして演奏に生命力と温かさを与えていく。

チェリビダッケはドビュッシーのノクターンを歌った武蔵野音大の女声合唱の声をいたく気に入り、たいそう褒めた。するとホテルの部屋にコーラスの指導者から「それは本当ですか?」と電話が入った。おそらくお礼を言うためだったのだろう。チェリビダッケはこう答えた。

「私が言っているのだから本当に決まっている!」

《ラ・ヴァルス》は、今回のプログラム中、スコアに書かれている楽器間の関連性がテンポの形成に大きな影響を与えるということを如実に表す作品であるが、チェリビダッケと付き合いだしてまだ日の浅い日本のオーケストラがここまで表現したのは驚きであった。

これほど多彩で至難なプログラムを読響は熱意をもって演奏したが、七日は緊張から疲れてしまった様子。しかし八日は良い結果となり、チェリビダッケもこの時点では満足できると思ったようであった。

「素晴らしかったです(Prima!)」と言うと、

「Prima!」

という言葉が返ってきたが、次のプログラムのリハーサル初日にマエストロに会うと、開口一

リハーサルの休憩中。
1978年3月 読売日本交響楽団練習所。

番こう言われた。

「君はこの前コンサートのあとでPrimaと言ったね。でも音楽に使う言葉ではないよ」

「では、何と言えば良いのでしょうか?」

「何も! 『そうであった…』と言うだけだよ」

八日のコンサートのあとチェリビダッケは京都に旅行していたはずだが、数日前に生徒が言った言葉を覚えていて正しく直そうと考えてくれていたのだ。このようにチェリビダッケは〝教える〟ということに対して非常に真摯であり、英語の文法までよく直されたのを思い出す。

数日間の入念なリハーサルを経て次のプログラムによるコンサートの日が来た。

モーツァルトでは作品の構成やテーマが陽光に照らされるようにくっきりとあざやかに演奏される。

ヴァーグナーは一転して作品に描かれた音楽上の情念がひたひたと押し寄せる鬼気迫る演奏。クライマックスのオーケストラの叫びと共に指揮者の「ティー!!」という声が飛ぶ。

半世紀以上音楽を聴いてきた中で度肝を抜くほどの演奏に出会うのはそう多いことではない。しかし今回のレスピーギの《アッピア街道の松》はまさにそのような演奏であった。

十八日の東京文化会館、最後列の天井桟敷席。夜明けの静けさの中から足音らしきものが近づいてくる。やがて街道の松の前に何千人か何万人もの人々の行進が現れる。チェリビダッケと読響はこの一見写実的な作品の奥底に書かれた音楽を驚異的な演奏で完全に描き尽した。

座席にいる私たちに徐々に行進が迫り、大音響になる。メゾフォルテのオーケストラならそこが頂点なのだろうが、チェリビダッケはまだまだ先に進む。腕を大きく振ると更なる大音量が現れ、しかもまだクレッシェンドしていく。そして肩を中心に腕を伸ばし、右と左の両方を大きな車輪のように全力で振り回す。天井桟敷まで熱い炎と地響きが沸き上がり、包まれ、ここがコンサートホールなのか、松の幹にしがみついているのかさえ分からなくなる。最後の一回転と高く伸ばした腕でシンバルと金管が咆哮し、曲が閉じる。誰も身じろぎひとつしない。腰が抜けてしまったのだ。

あれから三十八年。東京では毎日オーケストラコンサートが催され、いくつもの名演が聴衆を感動に浸らせている。チェリビダッケもミュンヘンフィルと来日を重ね更なる伝説的な名演を残したが、客演として八回指揮しただけの日本のオーケストラと、このようなあらゆる形容が空虚になるほどの演奏を可能にしたのは何によるのだろうか。なぜこのような演奏ができたのだろ

犬と遊ぶマエストロ。
1978年3月 読売日本交響楽団練習所。

うか？　その答えを知っている人は、それを文字にしようとすることにためらいを覚えるであろう。まさにそれは「そうであった…」のだから。

チェリビダッケをはじめ歴史的な巨匠の録音を可能な限り良い音質で世に出す仕事を意欲的に行っているアルトゥスの斎藤啓介代表は一九七四年のフランス国立放送管弦楽団との《ローマの松》の録音を聴いて腰が抜けてしまったと言っておられたが、さもありなん、であろう。録音を聴いてさえ腰が抜けるほどの実演がどれだけ驚異的であったか、その場に居て聴いていた人だけが体験できたのである。

《ローマの松》にはナイチンゲールの鳴き声が出てくる場面があり、録音された鳴き声が使われる。ある日録音嫌いのマエストロに「録音を認めない先生もこれは録音を使うのですね」と冗談を言うと、

「そんなことを言うならこれをしなさい」

とポケットいっぱいのドイツ、フランス、そして日本の小銭を渡され仕分けさせられた。

来日中は用意された都内のホテルに宿泊せず読売巨人軍が宿泊する読売ランドホテルに滞在し、スーパーで買い求めた食材を使ってマクロビオテーク食を自炊していて、しばしば夕食に招待され家族の話や音楽の話をしてもらった。そこで誕生日が同じであることが分かりパスポートを見せてもらったところ、ルーマニアの旧暦で同月同日の誕生日が記載されている。国籍の記載がなく、

「コスモポリタンだ！」

と言っていた。最近ではサプリメント関連で知られているタンポポの根のコーヒーを作りコーラの瓶に入れたものをこぼさずにリハーサルに持って行くのが私の務めだった。

チェリビダッケは、コンサートだけでなくセミナーという形で次の世代のために音楽の種を蒔いて行った。招聘側の都合で八回に限られしかも音大生や音楽関係者だけが参加したのだが、このセミナーでは音楽の現象学を理解するうえで特に重要なことが講義された。またチェリビダッケは講義以外の、例えばリハーサルの間の休憩時間にも現象学について語っていた。「本にすることはないのですか？」と尋ねると、

「講義のメモは作っているが出版するつもりはない」

とのことであった。

あのままチェリビダッケが客演指揮者あるいは常任指揮者として読響の指揮台に立ち続けていたら、日本の楽壇は今どうなっていることだろうと思う。なぜ読響はそれ以上招聘しなかったのか？　あるいはチェリビダッケが断ったのか？　内部事情まで書き記すわけにいかないが、そもそも二度の来日を実現できただけで読響としては精一杯の成果だったと言える。音楽界は、教会や王族の庇護と束縛を離れて市民のものとなって以来、自由である一方で金銭に束縛されながら今日まで在り続けてきた。通常の何倍ものリハーサル時間を要し録音の販売を認めないチェリビダッケとともに音楽の道を追求するには、大きな決断と多額の投資を必要とする。しかも限られた数のコンサートだけでそれらを賄えるはずもない。以後読響がチェリビダッケと共演する機会がなかったのはやむを得ない現実であった。

ロンドン交響楽団

チェリビダッケによる初の本格的な日本ツアーは一九八〇年ロンドン交響楽団（ＬＳＯ）とともになされた。シュトゥットガルト放送交響楽団やフランス国立放送管弦楽団ほどの付き合いはなかったものの何度か共演を重ねてからの来日である。四月十七日から二十七日までの十一日間に十公演、休日は二十二日の一日のみという日程で、ほかの指揮者ならともかくチェリビダッケとしては相当譲歩したのであろうと容易に想像がつく。日程とプログラムは次のとおりであった。

四月十七日　午後七時　東京厚生年金会館
コダーイ：ガランタ舞曲
ラヴェル：《マ・メール・ロア》
ムソルグスキー（ラヴェル編）：《展覧会の絵》
四月十八日　午後七時十五分　ＮＨＫホール
ティペット：歌劇《真夏の結婚》より《典礼舞曲》
ドビュッシー：《映像》より《イベリア》
ムソルグスキー（ラヴェル編）：《展覧会の絵》
四月十九日　午後七時　ＮＨＫホール
コダーイ：ガランタ舞曲
ラヴェル：《マ・メール・ロア》
ブラームス：交響曲第一番
四月二十日　午後三時　神奈川県民ホール
プログラムは十九日に同じ
四月二十一日　午後七時　東京文化会館
プログラムは十九日に同じ

四月二十三日　午後七時　東京文化会館
プログラムは十八日に同じ
四月二十四日　午後六時三十分　名古屋市民会館
プログラムは十九日に同じ
四月二十五日　午後七時　京都会館
ティペット：歌劇《真夏の結婚》より《典礼舞曲》
ドビュッシー：《映像》より《イベリア》
ブラームス：交響曲第一番
四月二十六日　午後六時　大阪フェスティバルホール
プログラムは十九日に同じ
四月二十七日　午後六時　大阪フェスティバルホール
プログラムは十八日に同じ

ご覧の通り、会場のほとんどがオーケストラにとって音響条件が良いとは言いにくい多目的ホールであり、その中でチェリビダッケが唯一評価していたホールは、「ブンカカイカン」（東京文化会館）であった。

《展覧会の絵》演奏前の楽屋にて。
1980年4月 NHKホール。

こうしてみると、現在日本各地にある音楽専用の大規模なコンサートホールのほとんどが八十年代以降に建設されたものであることを実感できるであろう。

NHKホールでの十八日の演奏が収録されDVD化されており、チェリビダッケとLSOの息の合った演奏の様子を確認することができる。テレビ番組がそのままDVDになっている関係で残念ながらティペットが省略されているがアンコールは入っている。

LSOの母国イギリスの作曲家ティペットの《典礼舞曲》は一九五五年に作曲された新しい時代の作品だが、チェリビダッケのもとでは不思議なほど〝わかりやすい〟曲になっていた。このことはチェリビダッケが指揮する他の現代作品においても言えることだと思う。いわゆる現代作品は調性から自由になろうとした結果ときに耳慣れない響きとなり一般聴衆にとって難解なものになりがちである。しかしチェリビダッケはどのような作品においてもその構成、その作品がどのように成り立っているかを重視するので、現代作品においても目新しさだけでなくその構成に光が当てられる結果、聴衆が〝わかりやすい〟と感じるのであろう。

プログラム冊子にチェリビダッケとLSOの親密ぶりがさかんに紹介されていたが、後日ミュンヘンフィルと来日した時、車の中でチェリビダッケの口から出た言葉は、

「音楽をするうえで必要なさまざまのことを要求しても聞き入れられないので、あのオケとは終わった！」

というものであった。

演奏について、以前実演を聴いたシュトゥットガルト放送交響楽団の響きと比べるとLSOの管楽器などのソリストは確かに秀でているのだが、オーケストラ全体の響きの緊密さ、すなわちチェリビダッケがしばしば使っていた「ドイツ的」という点で何か物足りないものを感じたのは私だけではなかったように思う。

LSOと来日した前年の一九七九年にチェリビダッケはミュンヘンフィルの音楽総監督になっていたのだが、ミュンヘンフィルとの来日がいつになるかについては、

「まだそのレベルに達していない」

という答えが返ってきた。理想を追求してやまないチェリビダッケの音楽が最高の形で結実す

るのを日本で目の当たりにするのに、私たちはあと六年待たなければならなかったのである。

「ロッテホテルに泊まるんだ」

という言葉を残してマエストロは韓国公演に飛び立って行った。

ミュンヘンフィルハーモニーとの栄光

ガスタイクの主

ワイン好きなら誰もが知っているボルドーの銘醸、シャトー・ラフィット・ロートシルトは、今一九八四年ものが飲み頃であるという。毎年十一月になると日本中がお祭り騒ぎになるボジョレーヌーボーのように仕込んですぐに楽しむワインもあるのだが、大指揮者をワインに例えるなら、前者のラフィットの方であろう。

ラドミル・エリシュカという指揮者がいる。今や「という」表現が似合わないほどその名が知れ渡っているが、一九三一年チェコ生まれの彼の巨匠ぶりが日本で知られるようになったのは二〇〇四年の初来日以降、七十三歳になってからである。《新世界交響曲》のヨーロッパ初演を行ったカルロヴィ・ヴァリ（カールスバード）交響楽団の首席指揮者として共産圏の母国で活動し続けた彼は国外で広く知られることがなく、民主化のあとは皮肉にも国外の指揮者がチェコのオーケストラの主要なポストを占めるようになり、武骨な名指揮者は後進に道を譲り引退しつつあった。その時同楽団の女性奏者が彼を元NHKディレクターの梶吉洋一郎氏に紹介したのが転機となり、来日が実現したのである。そこで共演したいくつかのオーケストラの中で、札幌交響楽団は一度の共演で彼を首席客演指揮者に迎えることを決定した。音楽に携わる職として見事な見識であり、その後の両者の活躍ぶりは周知のとおり目覚ましいものである。今では日本を指揮活動の拠点として「遅れて来た巨匠」などと呼ばれている彼はまさに「遅咲き」の典型であろう。あのときの「発見」がなかったらと思うと、人生の不思議を感じずにはおられない。

さて、エリシュカとは対照的に若くしていきなり世界で最も有名なオーケストラであるベルリンフィルの首席指揮者となったチェリビダッケは、ベルリンを離れたあと各国のオーケストラに客演を重ね、七十代を前にしてミュンヘンフィル首席指揮者に就任し、ついに「遅咲き」の栄光に包まれることになる。

社会的地位の栄光もさることながら、大指揮者の晩年の演奏は「円熟」とか「枯淡」という言葉が空しく聞こえるほどに複雑な光を放つ。チェリビダッケの演奏もミュンヘンフィル就任当時から最晩年までオーケストラとともに熟成を遂げていった。いつが熟成のピークであったか、ワインと同様、これからも様々な見解が語り続けられるであろう。

ドイツのオーケストラの中でチェリビダッケが長期にわたって指揮したのはベルリンフィル（ブランデンブルク州）、シュトゥットガルト放送響（バーデン＝ヴュルテンベルク州）、そしてミュンヘンフィル（バイエルン自由州）の三者であるが、ベルリン以外の二者はともに南ドイツの州都にあり、しかも隣り合わせである。偶然にしても南ドイツの風土と相性が良かったようだ。

元ミュンヘンフィル首席ファゴットのフリードリヒ・エーデルマン氏はプファルツフィルハーモニーを指揮するチェリビダッケを聴いて感動し、当時チェリビダッケが指揮していたシュトゥットガルト放送響のファゴット奏者になろうとしたが空席がなくしばらくしてミュンヘンフィルに入り、そこでチェリビダッケを招聘するよう市当局に直訴した。ミュンヘンフィルにはチェリビダッケを迎えたいという希望を持つメンバーも多数おり、彼の直訴の成果かチェリビダッケとの交渉が始まった。

マエストロが先ず承諾したのは客演指揮（一九七九年二月）であったが、オーケストラと市当局はチェリビダッケからの至難とも言える数々の条件や要求を受け入れ、チェリビダッケは市長からの最終的なオファーを受諾し、一九七九年六月、首席指揮者に就任したのだった。この経緯はエーデルマン著『チェリビダッケの音楽と素顔』（アルファベータ）にその他の豊富なエピソードとともに紹介されているが現在は完売したままの状態になっている。

首席指揮者に就任して間もない一九七九年十月、チェリビダッケとミュンヘンフィルはブルックナーの交響曲第八番の演奏によってブルックナーのミステリアスな音楽をかつてない深さで具現し、両者がブルックナー演奏にふさわしい最良のパートナーであることを知らしめた。

チェリビダッケは自らオーディションを行いその高度な音楽的要求に応えられるすぐれた首席奏者を選任していった。その一人でありチェリビダッケのもとでコンチェルトのソリストも務めた元首席トランペットのウーヴェ・コミシュケ氏はその時の模様を鮮烈な感動とともに記憶している。彼はマエストロの面前でほんの少し演奏しただけで即座に首席奏者として迎えられたのだった。

チェリビダッケから直接多くのことを学んだ彼らは、マエストロが他界し自身がオーケストラを定年退職したあとも、ソリストや室内楽奏者、指揮者、音楽大学教授として活躍しており、チェリビダッケから受け継いだ音楽を生成し続けている。現在、こうした言わばチェリビダッケ直伝の音楽が自らの音楽の血肉になっている元首席奏者たちを私の小さな事務所で紹介しているので、興味を持たれたホールや団体は本書の出版社を通じてご連絡いただければ幸いである。

チェリビダッケのミュンヘンフィルには日本人も在籍していた。その一人である元コントラバス副首席の鈴木良範氏は弦楽器の首席奏者による「ミュンヘン・ガスタイク・アンサンブル」を編成して日本でも公演を行った。マエストロは鈴木氏を「ヨシ」と呼び鈴木氏が入院したときはマエストロ自ら病院に駆けつけて見舞ったという。このようなオーケストラのメンバーに対するチェリビダッケの温かい心にまつわるエピソードは数多くあり、没後二十年を経た今も一人ひとりの心の中で大切に思い返されている。

ミュンヘンフィルとの初期の公演を映像化したものが二つある。一つはブルックナーの交響曲第四番《ロマンティック》（一九八三年）、もう一つはチャイコフスキーの交響曲第五番（一九八八年）だ。いずれも会場はミュンヘン・レジデンツにあるヘルクレスザール、ここはバイエルン放送交響楽団の本拠地でもある。

　チェリビダッケの演奏について録音をもとに論ずるのはほとんど無意味なことだが、映像を見ていると分かることがある。それは、指揮者とオーケストラメンバーとのコンタクトであり、チェリビダッケがパート間のバランスをいかに頻繁に注意しているか、各パートが意識し合っているかといった面を目で見ることができるのだ。そういう観点からこれらのＤＶＤを見ると、オーケストラはチェリビダッケの指揮に懸命に応えようとしておりチェリビダッケもかなり丁寧に指示を出しているのが分かる。チェリビダッケにとって現象学的に十分満足のいく演奏であったかどうかまでは分からないが、この組み合わせが、過去の伝説的な巨匠とそのオーケストラが何十年の時を積み重ねて一心同体の音楽を紡ぎ出していったのと同じ道を歩み始めていたのが確認できるであろう。

　ミュンヘン市の芸術監督でありミュンヘンフィルの音楽総監督であるセルジュ・チェリビダッケに対し、市当局は彼がその地位に留まり続けてくれるよう努力し、両者に小競り合いや衝突が起きた時も忍耐強い対応を続け、またそのために多くの予算も支出した。

　戦火で本拠地を失ったミュンヘンフィルはヘルクレスザールやドイツ博物館で演奏していたが、チェリビダッケが着任してしばらくすると「フィルハーモニー」がガスタイクの地に完成した。二三八七席の大ホールの天井の完成予想図が八四・八五年のシーズンプログラムに掲載され、他の冊子ではヘルメットを被って工事の進捗状況を視察している芸術監督の姿が紹介されている。

一九八五年三月十一日に舞台でアンサンブルが演奏して音響チェックがなされたあと、程なくしてついに構想以来十六年を経てミュンヘンフィルの戦後の本拠地が完成したのである。フィルハーモニー開館祝賀コンサートが一九八五年十一月十日午後八時、音楽総監督の指揮で上演された。プログラムは、

シュッツ：葬送音楽（ドイツレクイエム）
ブルックナー：交響曲第五番
続く十一月十一日午後八時にも同じプログラムが演奏された。
また十一月十六日と十七日のそれぞれ午後八時からの祝賀コンサートでは音楽総監督の指揮により、
ブラームス：ヴァイオリン協奏曲（ソリストはイツァーク・パールマン）
ベートーヴェン：交響曲第五番
が演奏された。
その他の祝賀コンサートの指揮者として、クルト・マズア（ライプツィヒゲヴァントハウス管弦楽団）、ロリン・マゼール（ウィーンフィル）、コリン・デイヴィス（バイエルン放送交響楽団）、小澤征爾（ミュンヘンフィル）が登場した。

ドイツが誇る技術を結集して建設されたガスタイクのフィルハーモニーであったが、その音響はチェリビダッケにとって完全に満足できる結果を得られなかったようで、その理由は、

「広すぎる」

というものであった。

しかし今までの自前のホールがない状況と比べれば、音楽に集中するための条件がかなり整ったのは間違いなかったであろう。そして完成後もいくつかの改良が施されチェリビダッケとミュンヘンフィルはガスタイクのフィルハーモニーの響きを完璧にコントロールするに至ったのである。

一九八六・八七年シーズン――ミュンヘンフィルとの来日

一九八六年九月のベルリン芸術週間出演に続き、同年十月、ミュンヘンフィルは満を持して日本公演に臨む。ツアーに先立ち、フィルハーモニーでは九月十九日及び二十日、十月一日から三日に日本公演と同一のプログラムが演奏されていた。日本公演の日程とプログラムは次のとおりであった。

十月十一日　午後六時　聖徳学園（松戸）

シューマン：交響曲第四番

ムソルグスキー＝ラヴェル：《展覧会の絵》

十月十二日　午後六時　北海道厚生年金会館（札幌）
ベートーヴェン：《エグモント》序曲
シューマン：交響曲第四番
ムソルグスキー＝ラヴェル：《展覧会の絵》
十月十三日　午後七時　神奈川県民ホール
プログラムは十一日に同じ
十月十四日　午後七時　昭和女子大学人見記念講堂
プログラムは十一日に同じ
十月十五日　午後七時　東京文化会館
ロッシーニ：《どろぼうかささぎ》序曲
リヒァルト・シュトラウス：交響詩《死と変容》
ブラームス：交響曲第四番
十月十七日　午後七時　大阪フェスティバルホール
プログラムは十一日に同じ
十月十八日　午後一時三十分　金蘭短期大学（吹田）
プログラムは十一日に同じ
十月二十日　午後六時三十分　福井市文化会館

プログラムは十五日に同じ
十月二十一日　午後六時三十分　名古屋市民会館
プログラムは十一日に同じ
十月二十二日　午後七時　サントリーホール
ブルックナー：交響曲第五番

初日のシューマンと《展覧会の絵》は私立大学の授業の一環として行われた催しであり、リハーサルも本番も外部の人間はシャットアウトであるとのことだった。拙宅のアルバムに「君は私のリハーサルに立ち会うことができる。セルジュ・チェリビダッケ」と書かれた手帳の一ページが貼られている。リハーサルが公開されておらず入れてもらえそうもないと話すと書いてくれたもので、世界唯一のチェリビダッケ自筆のリハーサル入場許可証かもしれない。結果的には提示しなくても無事入場できたように記憶しているが、その後も万一に備えて国内のリハーサルを見学するときは必ず携行していた。演奏は私立大学の学内コンサートとは言えチェリビダッケが今まで日本で共演したオーケストラとは響きや自発性の次元が格段に高くなっており、巨匠がようやく自分のオーケストラと来日したということを実感させるものであった。

続く札幌公演がパブリックなコンサートとしての初日であり、《エグモント》がツアーで一度だけ演奏された。

子ども好きのマエストロ。
1986年。

そう、あの《エグモント》である。映画の中で髪を振り乱してベルリンフィルを指揮していた若き首席指揮者が、数十年の時を経てミュンヘンの地で音楽総監督となり、極東の日本で同じ曲を演奏するのだ。

札幌公演の前、高輪プリンスホテルでマエストロに中華料理の夕食をご馳走になっているとき、「飛行機のチケットか札幌のコンサートのチケットか、どちらが欲しい？」と訊かれ、《エグモント》を聴かせてもらったのだった。

ツアー全体ではシューマンと《展覧会の絵》が多いのだが、ブラームスの交響曲第四番の入った十月十五日の演奏がアルトゥスからCD化されている。

一度だけ演奏されたブルックナーの交響曲五番の会場は十月十二日にオープンしたばかりのサントリーホールであったが、このコンサートはサントリーのオープニングコンサートに含まれておらず、十月二十八日から始まったベルリンフィル公演（小澤征爾指揮。当初はカラヤン指揮の予定であったとのこと）が外来オーケストラのオープニングコンサートとされている。いきさつはともかく実際にサントリーホールで初めて演奏した外来オーケストラはチェリビダッケ指揮ミュンヘンフィルなのである。この演奏もアルトゥスからCD化されているが、日本初の世界に通用するコンサート専用ホールで実際に耳にしたチェリビダッケのブルックナーの響きは言葉で表現しようのない比類ない美しさであり、どこまでも透明な響きの各パートが反応し合いながら大音響を築き上げていく様は音楽の現象学の実践そのものに思えた。

ガスタイクが完成してからの十年間は、ミュンヘンフィルにとって極めて充実した時代となった。ミュンヘンに戻ってからの八六・八七年シーズンのフィルハーモニーでは、ベートーヴェンの交響曲第二番、第三番、第四番、ブラームスの交響曲第一番、ピアノ協奏曲第一番、ブルックナーの交響曲第三番、モーツァルトのレクイエムなどがプログラムにのぼったが、八七年二月にはシューマンの交響曲第四番と《展覧会の絵》という日本公演と同じプログラムが再び登場している。

なお、ツアーでは八七年一月のフランクフルト、シュトゥットガルト、マンハイムに始まり、ザルツブルク、ローゼンハイム、バルセロナ、マドリッド、ボローニャ、ローマ、そしてフィレンツェ五月音楽祭などを訪れている。また、八七年の夏にはシュレスヴィヒ・ホルスタインで講習会を開催しその受講者のオーケストラとともに公演を行った。

一九八七・八八年シーズン――鐘

一九八七・八八年シーズンはドヴォルザークの交響曲第七番、チェロ協奏曲、ブルックナーの交響曲第八番、バッハのブランデンブルク協奏曲第六番、モーツァルトの交響曲第四十一番、デュカスの《魔法使いの弟子》、ミヨーの《ブラジルへの郷愁》、チャイコフスキーの交響曲第六番、ドビュッシーとヴァーグナーのオーケストラ作品集、プロコフィエフの《古典交響曲》、フランクの《ピアノとオーケストラのための交響楽的変奏曲》、シベリウスの交響曲第五番、シューベルトの交響曲第五番、ベートーヴェンのヴァイオリン協奏曲、シューマンの交響曲第三番などのプログラムが組まれた。

ツアーではトリノ、ハンブルク、ボン、デュッセルドルフ、ケルン、リンツのザンクトフローリアン教会におけるブルックナーフェスティバル、東西ベルリン、ライプツィヒ、ローゼンハイム、チューリヒ、ジュネーヴ、ローザンヌ、バーゼル、パリ、ザルツブルク、ニュルンベルクなどを訪れた。

とりわけ八七年九月二十七日、ブルックナーゆかりのリンツ郊外に建つザンクトフローリアン教会で演奏されたブルックナーの交響曲第八番は、言葉で表現しようのない荘厳な響きとなって教会の広い空間を満たした。それはオルガンの真下の地下に眠るブルックナーに届いたに違いない。

八八年四月二十五日、当時ミュンヘンフィルのスポンサーであったアウディ社から、演奏用の「鐘」のセットが贈られた。八六年の来日公演の《展覧会の絵》を聴いた方ならご記憶であろうが「キエフの大門」で打ち鳴らされていた鐘と同種のものである。オーケストラで一般に使われている板状の「鐘」と比べると格段に輝きのある音色であり、ミュンヘンフィルはいくつもの音程の「鐘」を用いて演奏できる世界でも稀なオーケストラになった。また八八年の夏も前年に引き続きシュレスヴィヒ・ホルスタインで若い世代のための講習会と公演を行っている。

一九八八・八九年シーズン——十周年と第九

一九八八・八九年はチェリビダッケとミュンヘンフィルのパートナー十周年を記念するシーズンであった。主なプログラムはシェーンベルクのヴァイオリン協奏曲、シューベルトの《未完成交響曲》、チャイコフスキーの交響曲第四番、ラヴェルの《道化師の朝の歌》、ベルリオーズの《ローマの謝肉祭》序曲、ブルックナーの交響曲第四番、モーツァルトの交響曲第三十六番、第四十一番、スクリャービンの《法悦の詩》、ラヴェルの「ソプラノとオーケストラによるシェラザード」、シベリウスの交響曲第二番、ベートーヴェンの《エグモント》序曲、《レオノーレ》序曲第三番、ピアノ協奏曲第五番、交響曲第一番、第七番、第九番、シューマンのピアノ協奏曲、バッハの二つのヴァイオリンのための協奏曲、ショスタコーヴィチの交響曲第八番、ムソルグスキーの《禿山の一夜》、メンデルスゾーンのヴァイオリン協奏曲作品六十四、ドビュッシーの

《海》、ラヴェルの《ラ・ヴァルス》などであった。

ツアーはベルリン芸術週間、マンハイム、フランクフルト、シュトゥットガルト、ケルン、ハンブルクのドイツ国内から、十一月にはドイツのオーケストラとしてナチスの犠牲となった人々を追悼するとともに両国民の友好を深めたイスラエルツアー（テルアヴィヴ、エルサレム、ハイファ）、さらにローゼンハイム、ザルツブルク、レーゲンスブルク、ウィーン、アメリカ、カナダ、ルーアン夏の音楽祭など、十周年にふさわしく多彩であった。

八八年十月二十五日から二十七日まで、チェリビダッケとミュンヘンフィルはヘルムート・コール独首相のソヴィエト連邦訪問に同行してモスクワのゾイレンザール等でコンサートを行った。ブラームスの交響曲第四番のあと、チェリビダッケは鳴り止まない拍手とともにゴルバチョフソ連書記長とコール首相からの握手とスタンディング・オヴェイションを受けた。各回のプログラムはベートーヴェンの《エグモント》序曲、ムソルグスキー＝ラヴェルの《展覧会の絵》、シューマンのチェロ協奏曲（ソリストはソ連人のナタリア・グートマン）、ロッシーニの《どろぼうかささぎ》序曲、ラヴェルの《スペイン狂詩曲》、ブラームスの交響曲第四番を組み合わせて演奏された。今やチェリビダッケ指揮のミュンヘンフィルは名実ともにドイツを代表するオーケストラとなっていたのである。

八九年二月五日と六日にウィーンで演奏されたブルックナーの交響曲第四番は、映像も収録されているがチェリビダッケの許可が下りず音源のみがソニーによってCD化されている。

八九年四月にはチェリビダッケとミュンヘンフィルの組合せによる初のアメリカ・カナダツアー（ロサンゼルス、サンフランシスコ、アナーバー、デトロイト、シカゴ、モントリオール、ケベック、ニューヨーク、ボストン、ウスター、ワシントン）が行われ、カーネギーホール始め各地で熱狂的に迎えられた。

八九年五月二十三日、当時の西ドイツの首都ボンにおいて「ドイツ連邦共和国建国四十周年」を記念するコンサートが、リヒアルト・フォン・ヴァイツゼッカー大統領及びヘルムート・コール首相らによって開催された。そこで演奏したのはミュンヘンフィルであり、ベルリンフィルではなかった。ベルリンフィルが残念がったという話を聞いたが真偽のほどは定かでない。コンサートは、二名の若手指揮者の指揮によるシューベルトの《ロザムンデ》序曲とウェーバーの《オイリアンテ》のあと、音楽総監督の指揮でボン出身の作曲家ベートーヴェンの交響曲第五番が演奏された。

このシーズンのプログラム全体の中で特に目を引くのは、何と言ってもベートーヴェンの交響曲第九番であろう。《第九》は一九八九年三月十五、十六、十七、十九の各日、ベートーヴェンの交響曲第一番とのカップリングでプログラムにのぼっている。ミュンヘンフィルは《第九》そのものは毎年年末に演奏しているが、チェリビダッケがミュンヘンフィルとガスタイクのフィルハーモニーで《第九》を演奏したのはこの時だけなのである。それがいかなる意味を持っていたのかは、のちほど記したい。

一九八九・九〇年シーズン――故国への大使

一九八九・九〇年のシーズンに取り上げられた主な曲は、チャイコフスキーのピアノ協奏曲第一番、ブラームスの交響曲第一番、ドッペルコンチェルト、ヴェルディの《運命の力》序曲、リヒアルト・シュトラウスの交響詩《ドン・ジュアン》、ブルックナーの交響曲第七番、ヘ短調大ミサ曲、モーツァルトのピアノ協奏曲第二十二番、第二十七番、交響曲第三十九番、第四十番、ハ短調大ミサ曲、ヴァイオリンとヴィオラとオーケストラのためのコンチェルタンテ、プロコフィエフの交響曲第五番、ショスタコーヴィチの交響曲第八番、ヘンデルのコンチェルト・グロッソロ短調、ベートーヴェンのヴァイオリン協奏曲、ピアノ協奏曲第三番、シューマンの交響曲第二番、シューベルトのハ長調大交響曲であった。ツアーは西ベルリン、リンツのザンクトフローリアン教会、ハンブルク、ケルン、マンハイム、ロンドン、パリ、マドリッド、ローゼンハイム、ルーマニア、プラハ、東ドイツ、ウィーンなどであった。

八九年九月二十五日、八七年と同様チケットが何か月も前に完売したリンツのザンクトフローリアン教会におけるブルックナーの交響曲第四番の演奏のあと、会場は深い感動がもたらす長い静寂に包まれ、あまりのことにブルックナーフェスティバル当局はチェリビダッケとミュンヘンフィルに以後毎年出演してくれるよう懇請した。

八九年十二月にルーマニアでチャウセスク政権が崩壊すると、チェリビダッケとミュンヘンフィルは混乱の中から立ち上がろうとしている市民のために音楽とともに膨大な支援物資を届けようと直ちに準備を整えた。九〇年二月、ブカレストに到着した祖国の英雄的大指揮者とそのオーケストラは尋常ではない熱烈さで迎えられた。戦争直後のベルリンと同じように、衣食に困窮する時でさえ人間は音楽を必要とするのである。チェリビダッケとミュンヘンフィルの演奏は、枯れ果てた冬の大地に春の雨の滴が滲みこんでいくように人々の心を温かにしたに違いない。オーケストラのメンバーからも、音楽が持っている力を改めて感じることができたという声が聞かれた。彼らはまさに、チェリビダッケの故国への Botschafter der Musik の役目を果たしたのである。

一九九〇・九一年シーズン——ブルックナーチクルス

一九九〇・九一年のシーズンはブルックナーのヘ短調大ミサ曲に始まり、同交響曲第四番、第八番、第九番、モテット、テ・デウム、ロッシーニの《どろぼうかささぎ》序曲、リヒアルト・シュトラウスの《ドン・ジュアン》、ブラームスの交響曲第二番、第四番、ピアノ協奏曲第二番、ベートーヴェンの交響曲第五番、ピアノ協奏曲第五番、ヴァイオリン協奏曲、バッハのロ短調ミサ曲、モーツァルトのドイツ舞曲、ディヴェルティメント、ハフナーセレナード、シューベルトの《ロザムンデ》、チャイコフスキーの《くるみ割り人形》、シューマンのピアノ協奏曲、ショスタコーヴィチのチェロ協奏曲第二番、リムスキーコルサコフの《シェラザード》、ハイドンの交響曲第百三番、トランペット協奏曲、ベルクのヴァイオリン協奏曲、ヘンデルのコンチェルト・グロッソロ短調などがプログラムにのぼったが、ツアーを含めるとまさにブルックナーシーズンであったと言える。九月のベルリン、リンツのザンクトフローリアン教会に続き、十月には日本でブルックナーチクルスが行われた。さらにソウル、九一年になるとテルアヴィヴ、エルサレム、ハイファ、ケルン、ハンブルク、フランクフルト、アムステルダムの公演が待っていた。

このブルックナーチクルスはチェリビダッケとミュンヘンフィルの日本公演の中でも特に充実したものであった。おりからのバブル景気の影響か各地に音楽専用ホールが建設されるようになり、この公演でも九公演のうち六公演がサントリーホールとオーチャードホールで開催された。

オールブルックナーのプログラムにとって、音楽専用ホールで演奏されるということがいかに重要な意味を持つか、スコアを見れば一目瞭然であろう。かつての会場の多くは、いわゆる多目的ホールであり理想的な環境ではなかった。多目的ホールだから即演奏に不向きだとは言えないが、たとえバランスの良い音響の多目的ホールで一音一音を明瞭に聴き取ることができたとしても、それらの音の連なりやファミリーを美しく豊かに響かせるのは難しい。まして問題のある多目的ホールとなると各楽器の音が濁ってくぐもった不明瞭な響きになり、オーケストラ全体が濁ったうるさい響きに聞こえてしまう。ウィーンフィルをそういうホールで聴くのとすぐれた音楽専用ホールで聴くのとではほとんど別のオーケストラにさえ思えてしまうほどである。その上すぐれた音楽専用ホールの条件は残響の長短や高音低音のバランスだけではない。大切なのは、美しく澄んだ響きの演奏になり得るホールであるかどうかだ。

長く持続する音や弦楽器のトレモロ、幾重にも重なる大音響を多用するブルックナーの交響曲をブルックナーが思い描いたであろう響きになるように演奏するには、第一に音楽専用のホールで演奏すること、かつ専用ホールの中でも美しく澄んだ響きが生まれ得るホールで演奏することが望ましい。ホールもまた楽器なのである。

九〇年の日本におけるブルックナーチクルスの公演スケジュールは次のとおりであった。

十月四日　午後七時　大阪フェスティバルホール
ブルックナー：交響曲第八番
十月六日　午後七時　オーチャードホール
ブルックナー：交響曲第四番
十月八日　午後七時　オーチャードホール
ブルックナー：交響曲第七番
十月十日　午後七時　オーチャードホール
ブルックナー：交響曲第八番
十月十二日　午後七時　パルテノン多摩（多摩市）
ロッシーニ：《どろぼうかささぎ》序曲

R・シュトラウス：《ドン・ファン》
ブラームス：交響曲第四番
十月十三日　午後七時　武蔵野市文化会館
ブルックナー：交響曲第七番
十月十六日　午後七時　サントリーホール
ブルックナー：交響曲第四番
十月十八日　午後七時　サントリーホール
ブルックナー：交響曲第七番
十月二十日　午後七時　サントリーホール
ブルックナー：交響曲第八番

日本ツアーは東西ドイツ統一（九〇年十月三日）と時期が重なり、オーケストラメンバーたちもその話で盛り上がっていた。ちょうど来日中のドイツのオーケストラということで新聞にも掲載されていたのを覚えている。

また、十月十四日はレナード・バーンスタインが亡くなり、チェリビダッケのもとに個人的に訃報が届いたようであった。チェリビダッケはバーンスタインを評して、

「コーヒーとウィスキーをがぶ飲みしていたクレージーなやつだった」

楽屋で箸を持つマエストロ。コートの襟にソニーから贈られたＶＩＰバッジ。
1990年10月 サントリーホール。

と言いながらも天才同士共感する部分があったようで、その口調には親しみが込められていた。

日本でのブルックナーチクルスは、オーケストラメンバーたちからミュンヘンでのコンサートよりも完璧に演奏できたと言われたほどの名演揃いであった。すでに椅子に腰掛けて指揮するようになっていたマエストロだが気力は充実しており、終演後は連日吉祥寺の寿司店まで繰り出して猛烈な勢いで握りを頬張り、

「ブルックナーより素晴らしい！」

とジョークを飛ばすほど元気だった。

また、スケジュールの合間を縫って東京芸大の学生のために講習会を行っている。これはかつてチェリビダッケに師事していた同大卒業の指揮者齋藤純一郎氏が同大の指揮科教授に働きかけて実現したものである。

サントリーホールとオーチャードホールの

新幹線のホームにて。
1990年10月。

響きを最高の演奏で聴き比べられるのも大きな魅力であったが、サントリーで演奏された交響曲第七番と第八番がソニーからDVD化、アルトゥスから第八番がCD化及びLP化されており、映像によって当日の模様を見ることができる。映像収録はNHKとソニーの共同作業で行われ、第八番はNHKで放送された。録音を許さないチェリビダッケに映像化をもちかけるにあたってNHKのスタッフたちは事前の情報収集に努めた。私も相談を受けた一人であったが、マエストロは映像というものに対して録音とは異なる見方をしていたので、芸術的な理由から映像収録を拒絶することはないし、むしろ重要なのはチェリビダッケがダメ出しをしないような映像を撮影することであった。そしてチェリビダッケはビデオ撮影を快諾しスタッフの面々に対し撮影についての具体的な指示までしたのである。

なぜチェリビダッケはCD化を拒否するのに映像化にはこのように寛大なのだろうか？　一般の方には矛盾しているように思われるかもしれないので少し解説しておくと、チェリビダッケは映像について、

「聴衆へのサービス」「スペクタクル」

と言っていたが、冗談のようでなかなか意味深い言葉である。チェリビダッケはCD制作のための録音は元の演奏の響きを正しく伝えることができないので認めない。一方で映像は音楽を正しく伝えられないという点は録音と同じだが、音楽を創り出す人々を、そのやりとりを可視的に記録することができる。チェリビダッケはそのことに価値を見出しているのだ。ヴィオラが第二ヴァイオリンに反応して音を出す様子や、その時メインを演奏しているパートを支える他のパートへの指揮者の目配せなど、指揮者とオーケストラメンバー、あるいはメンバー同士が意思疎通しながら演奏を進める様子を映像で残すことで、音楽自体ではないが音楽に携わる人間の営みを伝えることができる。確かに指揮者がその中心にいるからアンチ・チェリビダッケの人々には「目立ちたがり屋」に思えるのかもしれないが、例えばカラヤンの映像と比べるとそうでないことが分かるだろう。カラヤンの場合、指揮者以外は楽器の大写しが大半でメンバーの顔などほとんど映っていない。楽器の配置をカメラアングルの中で一直線に映るように並べたり、まるで一人でピアノを演奏しているかのようにカラヤンがオーケストラという楽器を鳴らしている。チェ

リビダッケとミュンヘンフィルがムジークフェラインで演奏したブルックナーの交響曲第四番のビデオがお蔵入りになっているのはカラヤンのビデオのような撮り方がしてあるからだという話もあるくらい、チェリビダッケが映像に求めた意義はオーケストラを意のままに操る指揮者の姿を見せることではなく、音楽家同士のコミュニケーションの様子を記録できるところにあったのである。

一九九一・九二年シーズン——ベルリンフィルとの再会

一九九一・九二年のシーズンはブルックナーの交響曲第三番、第六番、ミヨーのフランス組曲、ドビュッシーの《海》、フランクの交響曲ニ短調、チャイコフスキーのピアノ協奏曲第一番、序曲《ロメオとジュリエット》、ドヴォルザークの《新世界から》交響曲、バーバーの《弦楽のためのアダージョ》、ベートーヴェンの交響曲第七番、ブラームスのヴァイオリン協奏曲などがプログラムにのぼり、ツアーは九一年九月のザンクトフローリアン教会に始まりルーアン、マドリッド、パリ、キエフ、ブダペスト、南米、セヴィラ、イスタンブール、シュレスヴィヒ・ホルスタインなどが組まれたが、八十歳を迎えるチェリビダッケは健康上の不安を抱えるようになっており、入院を余儀なくされることもあった。しかし九二年はチェリビダッケの指揮歴の中で大きな話題性を持つコンサートが予定されており、幸運にも体調はそれまでに平癒しつつあった。

九二年三月三十一日と四月一日の午後八時、ドイツ連邦共和国大統領リヒアルト・フォン・

ヴァイツゼッカーが主催するルーマニアの孤児のための慈善コンサートが開かれ、大統領からの依頼を受けたセルジュ・チェリビダッケとベルリンフィルハーモニー管弦楽団が演奏したのである。プログラムはブルックナーの交響曲第七番。袂を分かって以来三十八年ぶりのベルリンフィルとの再会。当時テレビでも放送され現在もソニーからＤＶＤ化されており多くの人々が録画を視聴している有名なコンサートである。

チェリビダッケがベルリンフィルを指揮するという話をミュンヘンフィルのメンバーから耳にしたとき、日本の放送局や出版社の取材でもない者がどのようにしたらチケットを入手できるか見当がつかなかった。普通の方法で購入することなど、たとえ現地に住んでいても至難であるのは明らかだった。やむなく非常手段としてパリのマエストロに慈善コンサートのチケットを購入したい旨の手紙を出したところ程なくマネジメントオフィスからチケットが届き、この稀有のコンサートを生で聴く幸運に恵まれたのである。

会場は旧東ベルリンにあるシャウシュピールハウス。ヴェーバーのオペラ《魔弾の射手》が初演された由緒あるホールだが、一九四五年に戦争で破壊され現在の建物は一九八四年に改修されたものである。かつてクルト・ザンデルリンクらが指揮していたベルリン交響楽団（現在のベルリンコンツェルトハウス管弦楽団）の本拠地であり、広場に面して教会と隣り合わせに立ち威容を誇る重厚な外観である。内装もクラシックな造りだが、よく見ると装飾が壁に描かれたものであったりして当時の東ドイツの経済事情が表れているようである。旧東ベルリンの街並みは無残に破壊されて改修中のベルリンドーム（大聖堂）や外側だけ残って内部が真っ黒な空洞になっている建物など戦争の爪痕が色濃く残っており、夜になると旧西ベルリンと対照的に真っ暗であった。

三月二十七日午後三時四十分、リハーサルの前に会ったマエストロは病み上がりのせいか頬がこけていたが一応元気そうで、

「今回はオーケストラ側の強い主張でリハーサルは完全に非公開なのだよ」

と車から降りるなり不満気に言った。

リハーサルが非公開と知らずに集まってきたミュンヘンフィルのメンバーを含む熱心な人々は楽屋口の守衛室にある小さなモニターテレビに真上からのアングルで映し出される無音の映像に見入っていた。あれほどベルリンフィルを再び指揮することを拒み続けてきたチェリビダッケが現実にベルリンフィルの指揮台に居るのを、たとえモニターテレビの映像であってもこの目で見たいというのが皆の気持ちであったと思う。

三月三十日の午後に行われたゲネラルプローベは、マエストロの主張が通ったと見えて入場が可能になり待ちわびた人々は楽屋口からホールへと急いだ。

ベルリンフィルのメンバーは、年長者も若者も緊張しながら熱心に演奏していた。中には今回のコンサートで演奏したいため特別に参加しているOBの姿もあった。そして演奏されたブルックナーの交響曲第七番は、確かにチェリビダッケの指揮による音楽であったが同時に今のベルリンフィルの響きでもあり、それは四日間のリハーサルで埋められる溝ではなかった。市販され

ベルリンフィルとのゲネプロ時シャウシュピールハウスにて。
1992 年 3 月 。

ているDVDにリハーサルの一部が収録されているが、それを観ると、両者の違い、すなわちカラヤン以来のベルリンフィルのメンバーが慣らされてきた響きと、チェリビダッケの音楽の現象学によるバランスやパート同士の反応や関連を重視する響きとの根本的なアプローチの相違が浮かび上がってくるのである。

コンサートの初日、オーケストラのメンバー一同から指揮台のチェリビダッケにプレゼントが贈呈されるセレモニーが行われ、終演後はオーケストラのためにシャンパンとブッフェが振る舞われた。

四月一日、演奏の前に舞台に現れた大統領は短いスピーチを行った。DVDにも収録されているがここに概要を引用しておこう。

「(前略) このオーケストラは、〝彼の〟オーケストラでした。彼はベルリンの人々にとって非常に辛かった時代に、オーケストラのみならずベルリン市民のために愛情を注ぎ、最後の一切れのパンまで分け合ったのです。（中略）戦後の最も困難な年月をオーケストラとともにし、その再建に貢献されました。（中略）彼は今、再び音楽をするためここに来られたのです。彼は母国の恵まれない子どもたちのためにこのコンサートを開催することを承諾してくれました。マエストロ・チェリビダッケ、オーケストラ、そして聴衆の皆様に対し、感謝申し上げたいと思います。（以下略）」

元西ベルリン市長でもあったヴァイツゼッカー大統領は、「彼の」という表現でチェリビダッケがベルリンフィルの首席指揮者であったという事実を明言するとともに、チェリビダッケがフルトヴェングラーに誠意をもって接し（フルトヴェングラーが首席指揮者に復帰後も）二人でベルリンフィルを率いていたということについても触れ、さらにベルリン市民と手を携えて戦後の困難な時代を乗り越えてきたチェリビダッケの行動についても、その落ち着いた良く通る声で称賛した。

マエストロは決別したベルリンフィルを再び指揮した理由について、

「大統領から頼まれたから」

と言っていたが、それはこの二人が以前から面識があり旧知の間柄であったからである。ヴァイツゼッカー大統領はチェリビダッケがフルトヴェングラーの死と同時にドイツの功労十字勲章を受けてベルリンを去らねばならなくなった事情も、ベルリンフィルがビジネス的な理由もあってカラヤンを選んだことも熟知したうえで、この頑固な老マエストロの類い稀な芸術と人格に敬意を払いその名誉を改めて回復しようとしたのであろう。

あるとき、サントリーホールだったと思うが、チェリビダッケの楽屋を訪ねると濃紺の燕尾服を窮屈そうに着ているところであった。

「ベルリンで着ていた服だよ」

その言葉を聞いたとき、言い様もなく心を動かされた。

国籍の記載のないベルリン市のパスポート。サイズが合わなくなっても着ている若い時の燕尾服…。

ミュンヘンフィルやシュトゥットガルト放送響とともに幾度もベルリンを訪れた時も、胸に去来するものがあったに違いない。

戦争がなかったら、フルトヴェングラーがベルリンフィルを指揮し続けていたのかもしれない。しかし、戦争がなくても、チェリビダッケがいずれ二十世紀を代表する巨匠の一人に名を連ねたであろうことに異論はあるまい。ゴールは同じであったかもしれない。人間の運命、人生は、何と不可思議なものだろう。

第四楽章の最後の音が響き、その余韻が完全に壁に吸い込まれても、会場は時間が止まったようであった。徐々に拍手が始まると嵐のようなスタンディングオヴェイションとなり、二階中央の席には大きく拍手する大統領夫妻、イオアナ夫人とセルジュ・イオアンの姿が見えた。

楽屋から出てきた大統領に挨拶してから狭い楽屋に入ると、チェリビダッケは大きな一人掛けの椅子にどっかりと座り込んでいた。目が少し充血し疲れた様子だったが、ひとつの区切りがついたと思っているようにも見えた。

かつてのベルリンフィルとは言い尽くせない思いがあるのであろうが、今のチェリビダッケはミュンヘンフィルという十三年間ともに音楽を追求し続けている考え得る限り最高のパートナーがおり（たとえ首席指揮者のオファーがあっても）今のようなビジネス化されたベルリンフィルの指揮台に再び立つ気持ちがないのは明らかであった。

六月二十八日、ミュンヘン市は八十歳の誕生日を迎えたチェリビダッケに感謝の意を込めて名誉市民の称号を贈り、ドイツ連邦共和国からは功労十字大勲章を授与された。

一九九二・九三年シーズン——盟友ミケランジェリ

一九九二年九月からのシーズンはルーセルの組曲ヘ長調、ラヴェルの《マ・メール・ロア》、ドビュッシーの《イベリア》、《海》で始まり、ベートーヴェンの交響曲第四番、第六番、ピアノ協奏曲第四番、プロコフィエフの交響曲第五番、ロッシーニの《絹のはしご》序曲、《ウィリアム・テル》序曲、ショスタコーヴィチのピアノ、トランペットと弦楽合奏のための協奏曲ハ短調（ソリストはエレーナ・バシュキロヴァとウーヴェ・コミシュケ）、シベリウスの交響曲第五番、リヒアルト・シュトラウスの《四つの最後の歌》、チャイコフスキーの交響曲第六番、シューマンの《四つのホルンと管弦楽のためのコンツェルトシュトック》、ヴァーグナーの《マイスタージンガー》序曲、《パルジファル》の《聖金曜日の奇跡》、《神々の黄昏》の葬送行進曲、《ジークフリートの牧歌》、《タンホイザー》序曲、ブルックナーの交響曲第五番、ハイドンの交響曲第九十二番、モーツァルトの《ハフナーセレナード》、ブラームスのピアノ協奏曲第二番、《ドイツレクイエム》などでプログラムが組まれた。

ツアーは九二年九月のベルリン公演のあと十月に東アジアツアーとしてシンガポール、バンコク、香港、台北、東京、ソウル、九三年三月のマドリッド公演のあと四月の日本ツアー、六月のライプツィヒ、ケルン、ハンブルク公演が組まれていた。

待望の日本公演が半年の間に続けてあったのだが、十月はあのＡＢＭ（ミケランジェリ）との共演であり、公演スケジュールは次の通りだった。

十月十五日　午後七時　人見記念講堂
ベルリオーズ：序曲《ローマの謝肉祭》
シューマン：ピアノ協奏曲
チャイコフスキー：交響曲第五番
十月十六日　午後七時　人見記念講堂
ベルリオーズ：序曲《ローマの謝肉祭》

シューマン：ピアノ協奏曲
ベートーヴェン：交響曲第五番

チェリビダッケとミュンヘンフィルは、作品に書かれている音楽の全てを実際の現象として生成できるようになる関係を積み重ねてきた。いつもの如く「おそろしく遅いテンポ」についての批評が各紙に掲載されたが、それらに書かれている「テンポ」はチェリビダッケの言う「テンポ」とは無縁のものである。チェリビダッケはそれら世間が言う「テンポ」のことを「スピード」と言っていた。作品に含まれている多くの音楽を耳で認識できる響きにするのには時間がかかる。その「時間」は、その時、その場所、その時の演奏家によって異なる。現実にその場所に居て、先入観や過去の体験論など音楽以外の束縛から自由になってチェリビダッケとミュンヘンフィルが奏でる豊かな響きに無心に聴き入っていると、「速い」とか「遅い」とかいう物理的な「スピード」は感じなくなる。

ミケランジェリは、まさにその点でチェリビダッケにふさわしいピアニストであり、両者は深く尊敬し合っていた。世間ではキャンセル魔と言われピアノを差し押さえられる目にまで遭ったミケランジェリについて、チェリビダッケは、

「ミケランジェリは私とのコンサートを一度もキャンセルしていないよ！」

と言っていた。実際この時もコンチェルトは予定通り演奏したが、リサイタルはそうはならな

かった。

神経質と言うより、音楽を演奏する行為について周囲の環境を含めて一切の妥協をせず、それが少しでも叶わないときは潔く「演奏しない」という道を選択するのが音楽家ミケランジェリの主義であった。一方、一切の妥協をしない点は同じなのだが音楽家として最善の演奏環境が整うまで闘い続けたのがチェリビダッケであり、これが両者が互いに尊敬し合う一番の理由なのだ。そしてチェリビダッケはミケランジェリと共演するときピアニストとしての要求のすべてが実現するよう関係者に対し根気良く働きかけた。よってミケランジェリがチェリビダッケ指揮のコンサートをキャンセルすることはなかったのである。

チェリビダッケはミケランジェリの意向に沿って今回のリハーサルを非公開とした。それでも客席の隙間に潜り込んで録音していたマニアがいたようである。チェリビダッケ自身がリハーサルを非公開にしたのは九二年のベルリンフィルや今回のように本人以外の原因による特別な事情があった時だ。舞台袖で見ていると（人見記念講堂の）照明が明る過ぎるというミケランジェリの不満を受けてチェリビダッケがライトダウンを要求し、通常のコンサートと比べかなり暗い舞台照明になった。ピアノのコンディションもピアニストにとって問題であることが多いのだが、この日はイタリア人の調律師がピアノの調整に携わっていた。もっとも日本人を信頼していないわけではなくミュンヘンでは日本のヤマハの調律師に依頼していた。

そうして演奏されたシューマンは、ある意味これほど個性的な演奏はないのだが、指揮者とピアニストの両者そしてオーケストラがおそろしいほど音楽的に合致していて、時間的に最も「遅い」演奏の中で全てが目に見えるかのような芳醇な響きが会場を満たしていた。その他の曲目についても言えることだが、このような響きがする演奏はできることならやはりサントリーやオーチャード、あるいはザ・シンフォニーホールで聴きたかったと思う。

もっとも、東京の前の台北公演ではマエストロの話によると会場の外にまで多くの聴衆がいたということで、記録を見ると確かに会場外にスクリーンが設置され多くの人々がスピーカーを通してチェリビダッケとミュンヘンフィルの演奏を楽しんでいたのである。（映像であるからか）チェリビダッケはそのことをあまり気に留める様子もなく、それよりも台北で食した美味しい中華料理の数々について飽かずに話してくれるのであった。初来日のとき健康食を自炊していたチェリビダッケであるが、今ではグルメに戻っていたのである。

明けて九三年四月、桜の季節のあと九回のコンサートからなる日本公演があり、スケジュールは次の通りであった。

四月十五日　午後七時　東京文化会館
ブルックナー：交響曲第四番
四月十七日　午後七時　ザ・シンフォニーホール
ハイドン：交響曲第九十二番

チャイコフスキー：交響曲第六番
四月十八日　午後六時　愛知県芸術劇場コンサートホール
プログラムは十七日に同じ
四月二十日　午後七時　ザ・シンフォニーホール
プログラムは十五日に同じ
四月二十二日　午後七時　サントリーホール
ブルックナー：交響曲第三番
四月二十四日　午後七時　サントリーホール
プログラムは十五日に同じ
四月二十六日　午後七時　サントリーホール
シューベルト：交響曲第七番（未完成交響曲）
ベートーヴェン：交響曲第六番
四月二十八日　午後七時　東京芸術劇場
プログラムは十七日に同じ
四月三十日　午後七時　東京芸術劇場
プログラムは二十六日に同じ

日本の聴衆は九〇年のブルックナーチクルスに続いてブルックナーを聴くことができたのだが、今回初めての交響曲第三番が一回、チェリビダッケのブルックナー演奏で最も有名な交響曲第四番が文化会館、シンフォニー、サントリーの三か所で演奏された。チェリビダッケとミュンヘンフィルの演奏を色々な会場でしかも同じプログラムで聴けるのは何とも贅沢な話だが、それぞれのホールの音響の特性をまざまざと知ることができたのは素晴らしい体験である。三回の《ロマンティック》の中でチェリビダッケが最も満足していたのは二十日の演奏であった。十八日の名古屋は前年の九二年十月に竣工したばかりのコンサートホールであったが、チェリビダッケは演奏のあと、

「(響きが) うるさすぎる。改善が必要だ」

と言った。次にミュンヘンで会ったとき、

「名古屋のホールは音響を直したか?」

と訊かれ、そのままであることが分かると、

「それならもう行かない」

と言ったが、この九三年春のツアーが最後の日本公演になってしまったのである。

一九九三・九四年シーズン――黄昏の輝き

一九九三年の秋はベートーヴェンのピアノ協奏曲第五番で始まり、ブルックナーの交響曲第八番、ムソルグスキー＝ラヴェルの《展覧会の絵》、ヒンデミットの《メタモルフォーゼン》、ヴェルディのレクイエム、ブラームスのヴァイオリン協奏曲、モーツァルトの交響曲第四十番、フォーレのレクイエム、ブロッホの《シェロモ》、ショスタコーヴィチの交響曲第一番などが組まれたが以前と比してコンサート回数がやや減り、「曲目未定」の記載が目立つようになっていた。

九三年は、フランツ・カイム博士が一八九一年からオデオン内で続けていた室内楽の「カイム・コンサート」を一八九三年三月十五日初めてオーケストラコンサートとして開催して以来ちょうど百年目にあたるミュンヘンフィルにとって記念すべき年でもあり、イタリア、南米、スペイン、ヨーロッパツアーが企画されたが、とりわけ九四年四月九日から十三日のソフィアとウィーン、四月二十二日から二十八日のリサボンとマドリッドではあの伝説的なブルックナーの交響曲第四番と交響曲第八番が、五月十一日から十八日のケルン、ボン、アムステルダムではDVD化もされている超人的なラヴェルとドビュッシーが演奏され、多くの聴衆に感動と畏敬の念をもたらした。

指揮者が八十歳を過ぎてなお元気で活躍し続ける例は多くあるが、チェリビダッケもどうかそうであってほしいと全てのミュンヘンフィル関係者と世界中のファンが願う百周年であった。

一九九四・九五年シーズン――復活のレクイエム

一九九四年秋のシーズンは九月十日のブルックナーの交響曲第七番で始まったのだが、ミュンヘンフィルのメンバーからマエストロが倒れたとの電話やＦＡＸがありミュンヘンに向かった。夏の入院のあとの再びの不調であった。

ブルックナー第七番のコンサートは十日の特別演奏会を初日として計四回あり、チェリビダッケは初日の演奏のあと椅子から立ち上がれなくなり入院したのだった。

九月二十三日から四回予定されていたラヴェルとドビュッシーのフランス・プログラムはブラームスのヴァイオリン協奏曲とベートーヴェンの交響曲第七番に変更され、ズービン・メータが代役を務めた。

「ブルックナーを振り終えたあと、意識はあるのだが動けず、このまま天国に行くのかと思ったよ」

退院の近いマエストロは冗談交じりにこう言った。入院して二週間が過ぎ順調に回復してきたようだ。枕元と机には高等数学の本とサイババから贈られた品が置かれていた。ベッドが狭いという話になり、お見舞いの前日に行ったリンダーホーフ城にあった大きなベッドの話をすると愉快そうに笑った。名古屋のコンサートホールの話が出たのはこの時である。病室なのでかえって時間があり家族のことや昔の思い出話など二日間のお見舞いでそれぞれ二時間くらい話が弾み、翌日マエストロは無事退院しフランスに帰って行った。

日本では十月に予定されていた大阪・名古屋公演のチケット払い戻しが始まり、以後日本でチェリビダッケを聴く機会は失われたのである。

しかしミュンヘンでは次にチェリビダッケが指揮する予定になっていた十一月二十八日、二十九日、三十日のコンサートに復帰し「チェリビダッケ、再び指揮台へ」という見出しが新聞紙面に踊った。その時のシューマンの交響曲第二番の演奏はEMIからCD化されている。

チェリビダッケの体調は良くなり、九五年二月始めにはカナリア諸島とスペインでツアーを行い、ハイドンの交響曲第九十二番、シューマンの交響曲第二番、モーツァルトの交響曲第四十番、チャイコフスキーの交響曲第五番を演奏した。スペインではムルシアに建設されたコンサートホールのオープニング公演を行い、除幕式とコンサートに臨席したソフィア王妃は五分間以上熱心に拍手し続けた。

そして、この数年来取り上げてきた大作曲家たちの「レクイエム」の最後を飾るモーツァルトのレクイエムが演奏されたのである。ツアーから帰国したチェリビダッケはすぐにレクイエムのリハーサルを開始した。映画「チェリビダッケの庭」のシーンにもあるようにコーラスのピアノ伴奏でのリハーサルも自ら入念に行い、ミュンヘンフィルとの合わせは毎夕二時間半の枠で四日間にわたって行われ、さらに二月十一日にゲネプロを行った。チェリビダッケのゲネプロは文字通り「試演」であり服装以外通常のコンサートと変わるところはない。そして一般市民は当然無料で「見学」できるのである。

モーツァルト・レクイエム演奏会。
1995年2月　ミュンヘン・ガスタイクホール。

レクイエムのコンサートは二月十二日、十三日、十四日、十五日に開催される予定であったが、十四日の定期演奏会が十七日に変更になり、十四日にチェリビダッケをミュンヘンフィルの鈴木邸の夕食に招待したのだった。マエストロはジャケットとネクタイを着用してセルジュ・イオアンとともに来てくれた。音楽以外の会話が大半だったのだがモーツァルトのレクイエムの話になると、

「ジュスマイヤーは作曲したのではなくまさに『完成』させたのだ。…『絶えざる光（ルクス）を』！　…ルクス旅行社！」

その会社はミュンヘンフィルの海外公演を一手に請け負っている旅行会社で、マエストロの軽妙なジョークに一同大笑いになった。

チェリビダッケはテクスト（歌詞）にあまり重大な意味を見出そうとしない。

「オペラは『アイ・ラヴ・ユー』を千回言っているだけだ」

もちろん、テクストの発音と音符との関係についてすぐれた作曲家ほど注意深く作曲しているから、その点はチェリビダッケも抜かりなくむしろ他の指揮者より徹底してリハーサルを行っている。だが、例えばレクイエムのような「宗教音楽」のテクストそれ自体に意味を求めようとはしない。チェリビダッケにとって、音楽の感動は詞がもたらすのではなくあくまで音楽自体から生まれるからである。《第九》も然り、ブルックナーのミサ曲も然りである。にもかかわらずその演奏からは作曲家が希求した「祈り」がひしひしと伝わってくる。それは、音楽作品の構造そのものが持っている現象学的な意味とテクストの一語一語の「音」とが完全に一致するまでリハーサルを重ねるアプローチから生まれてくる結果であり、テクストが持つ文学的な意味や感情の起伏を音楽の中に表そうとするアプローチとはまったく異なっている。

このレクイエムはEMIによってCD化されているが、映画「チェリビダッケの庭」で少しだけコンサートの映像を見ることができる。この頃から三月のバルトークの《オーケストラのための協奏曲》、九月のブルックナーの交響曲第九番などのコンサートをセルジュ・イオアンが映画制作のため撮影するようになり、最晩年のマエストロは最愛の子息のもとで演奏を行うことができたのである。

一九九五・九六年シーズン――ブルックナー・ノインテ

一九九五年のプログラムは九月のブルックナーの交響曲第九番で幕を開けた。昨シーズン末は怪我など体調が思わしくなかったがパリ郊外にある別荘で過ごす夏休みが良い影響を与えたようで、九月七日のゲネプロ前に楽屋で会ったときは開始時間が迫っているのに元気に話してくれた。ゲネプロに先立つリハーサルは九月一日、二日、四日、五日、六日のそれぞれ午前十時から午後二時まで行われていた。

最晩年のチェリビダッケにとって、ブルックナーこそ自分自身に最も近い作曲家であり芸術家であった。映画「チェリビダッケの庭」の中で紋付を羽織ったマエストロがブルックナーについて熱く語る姿があるが、そのブルックナーの交響曲の中で際立って神秘的な作品がこの「ノインテ（第九番）」なのである。

チェリビダッケは言う。

「始まりの中に終わりがある。…ブルックナーだけがそう書いた」

ブルックナーの交響曲はしばしば最終楽章のコーダにそれ以前の楽章のモティーフが現れるが、同じような例は他の作曲家にも見られるし、チェリビダッケの発言はそういう表面的なことを語っているのではもちろんない。ましてこの「ノインテ」は第三楽章までしか完成しておらず形式上は未完成なのである。

最晩年のセルジュ・チェリビダッケが十六年間音楽総監督として手を携え歩んできたミュン

ヘンフィルとのブルックナー・ノインテのコンサートは、八日の午後八時、十日の午前十一時、十三日の午後八時にガスタイクのフィルハーモニーで開かれた。

コンサートの間の空き日には休む間もなく音楽の現象学の講習会を行い、映画「チェリビダッケの庭」に登場する学生や音楽家たちが熱心に聴講する姿があった。なお十一日にチェリビダッケが指揮する予定のロッシーニ、モーツァルト、ベートーヴェンのプログラムがあったのだが他の指揮者が代役を務めた。

プログラムはこの一曲のみ。未完成でありながらこのあとに何かほかの曲を聴こうとは思わせない、音楽に集中し尽す作品である。彼岸の音楽と言われる第三楽章は幾多の名演と呼ばれる録音が残されており、そこには他の指揮者はもちろん過去のチェリビダッケの演奏も含まれているが、この三回のコンサートを実際に聴いた人々の誰もが、録音という媒体を否定し続けてきたチェリビダッケの姿勢に納得し心から共感を覚えたのではないだろうか。

多くの指揮者は「作曲家の書き残したスコアの通りに演奏する」と言う。確かにすべての「音符」はスコアに書かれている（ブルックナーの版については後述）が、それをどう読み解いて行くかは指揮者自身の音楽性や時代考証にかかっており、ゆえに幾多の名演が生まれる。それではチェリビダッケはどう読み解いているのか？　そして彼は指揮台からオーケストラに何を伝えようとしてきたのであろうか？　…答えは、音楽の現象学を理解し、あるいはそれを共有しようとすることによって初めて見えてくるはずだ。

フィルハーモニーにいるすべての人々の意識が、マエストロを含めて、ブルックナー・ノインテに集中する二週間だった。

九月のミュンヘンの気候は心地良くイタリアンレストランのテラスでチェリビダッケ父子とランチを共にしたり、ミュンヘンフィルの鈴木さんのザーブでザンクトフローリアンに連れて行っていただいたりした。広々とした田園地帯に建つ壮麗な修道院の地下に聖職者たちの棺とともに安置されている黄金色の棺の中に、数日前チェリビダッケの指揮で聴いたばかりの「ノインテ」の作曲家が永遠の眠りについているのだった。

手元にフィルハーモニーのソファに座っているチェリビダッケを撮った写真がある。カメラは十九年前にシュトゥットガルトを訪ねた時から使い慣れている一眼レフなのだが、暗い所でストロボなしで撮影したせいかフォーカスが甘くぼんやりとしている。そこには、ベルリンフィル時代からミュンヘンフィル時代まで幾多の人々を導き豊かな音楽と思索を与え続けてきた老巨匠が、ソファの背にステッキを架け静かな眼差しで佇んでいる。これがマエストロを撮った最後の写真になった。

二十一日からの四回のコンサートでもブルックナーが演奏されることになり（当初の予定ではモーツァルトとベートーヴェンのプログラムだった。）、十八日、十九日にリハーサルが行われた。飛行機の変更ができなかった私はリハーサルのあとマエストロを見送り帰国の途に就いたのだが、帰国してすぐ二十日のゲネプロの途中でマエストロが体調を崩し病院に搬送されたという知らせを受けた。予定されていた二十一日、二十三日のコンサートはドミトリー・キタエンコが代役を務めてモーツァルトとブラームスが演奏され、二十六日、二十七日のコンサートはズービン・メータが指揮したのであった。

以降十一月にはブルックナーの《テ・デウム》、九六年一月にはブラームスのピアノ協奏曲第二番とプロコフィエフの《ロメオとジュリエット》組曲、ドヴォルザークのチェロ協奏曲、ヒンデミットの《画家マティス》、四月にはモーツァルトの《ドン・ジョヴァンニ》序曲、ベートーヴェンのピアノ協奏曲第四番、シューベルトの交響曲第四番が予定されていたのだがチェリビダッケの体力は回復せず出演できない日が相次いだ。

八十四歳の誕生日を目前にした六月一日、三日、四日、ミュンヘンフィルハーモニー管弦楽団音楽総監督及びミュンヘン市芸術監督セルジュ・チェリビダッケはガスタイクのフィルハーモニーの指揮台に設置された愛用のオーダーメイドの椅子に腰掛け、シューベルトの《ロザムンデ》序曲、ルーマニア出身のダン・グリゴールをソリストに迎えてのモーツァルトのピアノ協奏曲第二十番（当初の予定では第二十四番）、そしてＥＭＩからＣＤ化されているベートーヴェンの交響曲第二番を指揮した。

ようやくの思いで振り終えた一九九五・九六年シーズンだった。

…もう引退かという状況が何度もあったなあ。さあ、休暇だ。フランスに帰って別荘に行こう。トネリコの木やバラの花、ナイチンゲールやセントバーナードたちは元気だろうか…？

日本では（地方にもよるが）仏教の「盆」の期間にあたる八月十五日、マエストロ・チェリビダッケが逝去したという知らせが届いた。間違いであってほしいが間違いであるはずもなかった。時差があるので実際に逝去したのは八月十四日のことである。映画「チェリビダッケの庭」で見ることができる、パリから車で二時間ほどの田園地帯に建つ別荘。その近くにある小さな教会で葬儀が行われた。バッハの「主よ、人の望みの喜びよ」（ドイツ語の題は「イエスはとこしえに我が喜び」という意味）が奏でられる中、音楽が内包している真実を音楽の現象学によって具現することと、そのために必要なあらゆることを実現するため生涯闘い続けたセルジュ・チェリビダッケは、敬愛するアントン・ブルックナーの死からちょうど百年後、家族や教え子たちに見送られて永遠の眠りに就いたのである。

九月九日午後八時、フィルハーモニーにおいてズービン・メータの指揮による「マエストロ・セルジュ・チェリビダッケ追悼コンサート」が開催された。チェリビダッケは一年前に他界した盟友ミケランジェリの追悼コンサートを計画していたのだが、自身が追悼コンサートを開催してもらうことになってしまった。

ロビーにはチェリビダッケの数々の写真が展示され、黒いリボンの付いた額縁に納まった写真の前に記帳台が設置された。プログラムの表紙には写真集『セルジュ・チェリビダッケ』（アルファベータから日本語版刊行）の表紙に使われているリトグラフが印刷され、一ページ目には指揮者の希望により拍手を辞退しますという旨の記載があり、続いてヘルツォーク・ドイツ連邦共和国大統領、コール・同国首相からイオアナ未亡人に宛てられたお悔やみ、シュトイバー・バイエルン州首相、ウーデ・ミュンヘン市長、ミュンヘン市文化相等による追悼文が掲載されていた。

曲目はあのブルックナーの交響曲第九番。巨匠チェリビダッケを追悼するコンサートにこれほどふさわしいプログラムがあるだろうか。

開演に先立ち、最前列に並ぶ遺族と公職者を前にミュンヘン市民及びミュンヘンフィルハーモニーを代表してクリスティアン・ウーデ市長が弔辞を述べた。チェリビダッケの存命中に度々代役を務めてきたズービン・メータは厳粛な面持ちでこの追悼コンサートの指揮者の重責を果たし、ミュンヘンフィルハーモニーはあたかもマエストロ・チェリビダッケが今なお彼らとともにいるかのように「ノインテ」を奏でた。

演奏する人々も客席の人々も、チェリビダッケとブルックナーの音楽を重ね合わせながら、この悲しくもいつかは訪れる時間を共有した。そして演奏が終わると、聴衆は全員起立し、チェリビダッケが育て上げ共に歩んできたオーケストラのメンバーたちが舞台から去って行くのを見守ったのだった。

映画「チェリビダッケの庭」

ある日ルーヴル美術館から一通の封書が届いた。開封してみると、アカデミー・フランセーズ会員、ルーヴル美術館総裁・館長のピエール・ローザンベール氏からの「チェリビダッケの庭監督同席による世界プレミア上映」の招待状であった。

映画監督として最晩年のチェリビダッケの姿を撮り続けた子息のセルジュ・イオアン・チェレビダーキの作品が完成しここに初上映の時を迎えたのである。

一九九六年十一月二十三日（土）と二十四日（日）の午後二時から十時まで、ルーヴル美術館の「ピラミッド」の地階にある「オーディトリウム・ド・ルーヴル」において「チェリビダッケへのオマージュ」と題するフィルム上映会が開催され、一九六四年から一九九二年までの演奏等の映像が上映されたあと、二十四日の午後七時三十分から上映時間約二時間半の同作品が公開された。

ルーヴルのプレミアのあとEMIが創立百年記念事業としてチェリビダッケの公式CDをリリースすることになり、この映画を日本で上映する機会が巡ってきた。

一九九八年四月九日、恵比寿ガーデンシネマにおいて東芝EMIによる日本プレミア上映会が開催された。好景気の余韻が漂う東京では午後七時からガーデンシネマの向いにあるレストランで盛大なパーティがあり、招待客はパーティと監督挨拶のあと午後九時から十一時三十分まで

映画「チェリビダッケの庭」より。別荘で鳥に餌を与えるチェリビダッケ。
1995年 チェリ・フィルム提供。

新作映画を鑑賞した。

　映画はパリの自宅、タイトルの由来となっているパリ郊外の別荘の広い庭園やガスタイクのフィルハーモニーなどで撮影され、学生のための指揮の講習や彼らとの語らい、ミュンヘンフィルとのリハーサルやコンサート、インタヴューや独白で構成され、バルトークの《オーケストラのための協奏曲》、モーツァルトのレクイエム、ブルックナーの交響曲第九番その他の演奏シーンが使われている。初めて観る時は演奏シーンの途中で画面が頻繁に移り変わるので落ち着かないかもしれないが、それがこの映画の制作手法であり、監督が「撮影したフィルムをどう配列しようかと思い悩んでいた時、それらがまさにその通りに並んでいるのに気がついたのです」と述べているように、いくつもの場面の中からテーマがモザイクのように浮かび上がってくるのである。

　チェリビダッケは全編を通して自らの音楽観を熱

く語っており、インタヴューや独白などまるで役者のような雄弁ぶりである。監督がこの映画はドキュドラマであると言っているように、演奏やリハーサルを収録し編集しただけのドキュメンタリーではなくチェリビダッケ自らが主役を務める映画作品としてとらえるのが適しているであろう。

映画であるから次々にシーンが展開していくのだが、できれば一言一言立ち止まって考えていたいほどチェリビダッケの言葉は奥深さと示唆に富んでいる。

「それが音楽だ、というものはないんだ」（学生たちとの語らいで）

音楽は予め存在しているのではなく「生成し得る何か」であり、それを言葉によって壁にピンでとめるように定義することなどできない。また、予め正しい演奏というものがあってそれを目指していればいずれそこに到達するということでもない。その時、その空間、その人…。音楽になり得る条件は様々に変化する。

「音楽は私たち自身の中に生まれる」

楽譜に書かれた作品を演奏して音楽を生じさせているのは私たち自身であり、私たち一人ひとりが違う人物であるように、演奏される音楽もその都度変化する。もちろん、この変化とは「解釈」のことではない。

「テンポは響きの豊かさで決まるのだ。速度とは違う！」

映画の中でチェリビダッケが自宅にパリ音楽院の学生たちを招き子供用の黒板を使って教えている。ある音から次の音までの間隔が開き過ぎると響きが乏しくなる。逆にある音と次の音の間隔が狭過ぎると双方のエピフェノメナ（随伴現象）が混在することになって響きが聴き取り難くなる。それらが丁度良く連なって現れるのが正しいテンポであり、速度《スピード》とは異なる概念である。

「チェリビダッケの物まねはダメ」

ルバートがかったウルトラピアニッシモでブラームスの交響曲第四番を始めたら誰もがチェリビダッケの真似だと思うだろう。部分的な特徴を真似するにはこれほど面白い指揮者はいないかもしれない。もっとも真似できればの話だが。そのような物まねではなく、音楽家を志す若い人たちがチェリビダッケの見方や考え方を学びそれがその人の人間性や演奏に反映するのは大切なことであろう。

「彼（ティーセン）が導いてくれたように、私も誰かを導こうとしてきた」

庭の梢を見上げながら、チェリビダッケは学生時代から今に至る人生を回想する。導くこと、教えることは、彼にとって演奏することと同じくらい重要であった。若い時に尊敬すべき師との

映画「チェリビダッケの庭」より。ブルックナー交響曲第9番を指揮するチェリビダッケ。1995年 ミュンヘン・ガスタイクホール。チェリ・フィルム提供。

出会いを持てたチェリビダッケは幸運である。その中で最も大きな影響を与えたのがハインツ・ティーセンであり、チェリビダッケはティーセンから学んだ「導くこと」「人のために行うこと」を終生実践し続けた。そしてそれはオーケストラを導くプロの指揮者として仕事する時以外、常に無償で行われたのである。

「(私がブルックナーを)どう理解しているのか、分からないだろうね。…世間は徹頭徹尾私の音楽観の全てに逆行しているから」

チェリビダッケはブルックナーを「知られざる偉大な人物」であると言う。現代はブルックナーについて多くの情報があり世界中で知られている作曲家であるにもかかわらずである。だがそのような情報はチェリビダッケにとってまったく本質的でない。どのようにスコアを読み解き、ブルックナーが書き留めた音楽をどのように響かせるか。なぜブルックナーはこのような作曲をしたのか。チェリビダッケの奥深い思索は情報化社会に適合しようとする現在の音楽界とは相容れず、両者は正反対の方向を目指している。

「分かるのは、第一ヴァイオリンに（第二ヴァイオリンが）『反応する』ということだけ」（ブルックナーで）

第一ヴァイオリンがどう出るかは毎回違う。第二ヴァイオリンは第一ヴァイオリンに続いて出るから第一ヴァイオリンの影響を受ける、つまり反応する。第一ヴァイオリンを注意深く聴きながら出る以上は必ず反応する。その反応は毎回違う。第一ヴァイオリンによって生じた響きを受け継いで第二ヴァイオリンの全員が注意深く反応することで音楽が生まれる。その反応が正しくない場合指揮者はそれを指摘することができるが、予め何が「正しい反応」かを指示することはできない。

「音楽には中庸も必要です。…少し気になるのは、バセットホルンとファゴットの間。そこは合唱が埋めないと…」（モーツァルトで）

いくつかの音程が合唱と楽器によって演奏される。ここでは双方の楽器のために書かれた音程と合唱の音程があり、それらの落差が大き過ぎないよう相互に正しい間隔で現れ適切な関係の響きになるためには、そこの合唱は出過ぎても弱すぎてもいけない。ここでのチェリビダッケはそのバランスについて指摘しているのである。

「始まりと終わりの同時性を四十四歳の時ヴェニスのコンサートで実感した。…だがこの喜びを誰とも共有できなかった。誰にも理解できなかったのだ」

音楽が有する基本的な特性としてチェリビダッケが重要視している「始まりと終わり、あるいは終わりと始まりの同時性」とは、そもそもいったいどういうことなのであろうか？　チェリビダッケについて書かれた多くの記事や書籍でいろいろ説明が試みられているが、解ったようで解らないのが実情ではないか。しかもこの「同時性」を感じなくてもコンサートを聴くことはできるし、演奏することとさえできるのだから一層ややこしい。

この「同時性」は、体験することで初めて実感できる。そしてチェリビダッケのヴェニスのコンサートの話はこの「同時性」の実体を端的に言い表している。つまり、この「同時性」は個々の演奏によって体験できたりできなかったりする。同じ曲を演奏しても体験できる時とできない時があるのだ。しかもチェリビダッケ自身はそれを区別できるが他の人々は「誰も理解できなかった」と言う。「同時性」は、すべてが音楽の現象学に則って完璧に演奏できた場合に限り、その時その場所にいる人々だけが耳にすることができるのだ。

「(録音で) 本当の響きは再生できない」

チェリビダッケの録音嫌いは有名だが、その理由は録音と生演奏では臨場感が違うという程度の大雑把な認識で説明できるものではない。録音によって何が失われあるいは歪められているのか？　それは、録音をしたり聴いたりしている人たちがまったく気にしていない、あるいは当然のこと、仕方がないこととして切り捨てている、チェリビダッケが講演の中で「(音の) ファミリー」と呼んでいる現象の扱いに大きく関係している。演奏行為によってコンサートホールの中に現れる響きは、演奏された音から発生する多くのファミリーと、それらがホールの壁や客席にぶつかり合って生ずる新たな響きとが相俟って私たちの耳に届いて感知される。チェリビダッケは並外れた聴力と感性をもってこれらの響きを統一しながら演奏を進めてあのミュンヘンフィルの響きを創り上げるのだが、それはうまくいく時もそうでない時もある。それが完全に完遂した時、チェリビダッケ四十四歳のヴェニスにおけるコンサートのようにこの「同時性」を実感できたと言うのだ。その「同時性」を聴衆とともに体験しようとすることに心血を注ぐチェリビダッケにとって、録音は何の魅力もなく「無意味であるどころか有害」であるのは当然であり、いかに録音がメリットを有していても彼は頑として否定する。私どもが日々録音のメリットにすがって生きているのといかに異なる次元の話であろうか。

スコアに書かれている一つ一つの音を奏でる時に現れるファミリー、それらの連なりから生まれる響きの統一に成功した時に実感できる終わりと始まりの「同時性」は、文章の力の助けを借りなくても、なんと耳で聞くことができるのだ。それは、「オクターヴ」である。

「私がベルリンに来たとき、優秀な指揮者が十人はいた。今はどこにいる？」

チェリビダッケがベルリンで学び始めた一九三六年頃は、現在伝説の巨匠と呼ばれている指揮者たちが壮年期に活躍していた時代であった。ナチスが政権を獲得して勢力を伸ばしていくとともに、ナチス党員になっていたカラヤンのような者以外のユダヤ系指揮者や反ナチのドイツ人指揮者は亡命等によってベルリンやドイツを離れ、ドイツ音楽の体現者として尊敬されていたフルトヴェングラーはベルリンに留まったがその影響力を利用しようとしたナチスとの軋轢の中で亡命するか抹殺されるかの選択を迫られていた。ところでチェリビダッケのこの言葉はそういう歴史について語っているのではなく、ベルリンがドイツの伝統を受け継いでいる指揮者が集まっている一大音楽都市であったということである。そして現在もベルリンが音楽都市であることに変わりはないのだが当時のような優秀な指揮者はもういないと言っている。これは個々の指揮者の話というより昔と今で「音楽都市」の意義が変容してしまったということを意味しているのである。昔のベルリンはフルトヴェングラーに代表されるような音楽以外にも深い教養を持ち演奏することについてもじっくり腰を据えてかかる指揮者たちが活躍する、あるいはそういう音楽家が生まれたり集まったりしてくる都市であった。それがこの数十年の間にできるだけ短い時間でリハーサルを仕上げて世界中を飛び回ってコンサートを開き、レコードやCDを大量に生産し、コンクールに優勝するや否やそれらの仕事がカレンダーを埋め尽くす、そういう音楽家たちが集まるグローバルな音楽都市に変貌した。限られた数のコンサートのために入念なリハーサルを行い、録音の販売を認めず、若い音楽家を無償のゼミナールで育ててきたチェリビダッケは、年老いた今、別荘の椅子に座ってこうした世の中の動きを冷ややかに眺めてこう言ったのである。

「音楽とは『君自身』だからだ」

演奏する時どのような場合でも音楽の現象学に則っていなければならないのだとすれば、正しい演奏をすると皆チェリビダッケと同じになるはずでは？　という疑問を持つ人がいるかもしれない。確かに音楽の現象学はあらゆる場合に当てはまる普遍的なものであるし、チェリビダッケはそれを多くの人々に幾度となく説いている。しかし音楽の現象学に則って演奏してもチェリビダッケと同じ演奏になるわけではない。いやむしろなるはずがない。なぜなら指揮したり演奏したりしているのはその人自身でありチェリビダッケではないからである。チェリビダッケが好む禅問答のような話だが、例えばチェリビダッケがピアノを演奏すると、自ら偉大な音楽家と認めているピアニストのミケランジェリと同じ演奏になるだろうか？　と考えれば解りやすいかもしれない。モーツァルトの作品と率直に向き合い正しいアプローチで演奏するとき、現れるモーツァルトは演奏しているその人自身であり、その人自身がモーツァルトの音楽になって現れるのだ。美に覆われた音楽の真実とは「君自身」なのである。

映画「チェリビダッケの庭」はアムステルダム国際映画祭で審査員特別賞を受賞し、キネマ旬報社の配給により日本各地で上映された。輸入されたフィルムに焼き付けられた字幕は伝統的な書体で画面に趣を添えている。DVDにないそのレトロな雰囲気を映画館で楽しんでいただきたいものである。また家でDVDを観る時「ハコ」ごとに一時停止してチェリビダッケの言葉の深い意味を考えるのも良いかもしれない。

CDリリースと映画上映のためセルジュ・イオアン・チェレビダーキ監督は二度来日し、父親が参禅した北鎌倉の円覚寺や三島の龍潭寺、そして名古屋の宋吉寺を訪れた。特に円覚寺ではチェリビダッケが参禅した当時も管長であられた足立大進老師にお目にかかることができ非常に貴重なひとときを頂戴した。

チェリビダッケの録音

眼下に広がる海。サングラスをかけ黒髪がカールしたチェリビダッケが石塀に腰掛け、同じ石塀の上に置いたレコードプレーヤーの針を下ろすと軽快なジャズが流れ出す。あれほど録音を拒否するチェリビダッケが「音の出るパンケーキ」で遊んでいる、ルーヴル美術館で上映されたフィルムの中の一シーンである。

チェリビダッケは一九五〇年頃まで積極的にではないにせよ録音を行っていた（ＥＭＩからＣＤ化されている）が、ティーセンからの指摘で自らの演奏活動を見直し音楽の現象学を確立するに従って録音から遠ざかって行った。唯一の例外は一九八〇年にシュトゥットガルト放送交響楽団と演奏した自作の《タッシェンガルテン》（ポケットの中の庭）のスタジオ録音である。

何度も言うが、録音はチェリビダッケの現象学的な音楽の核心を収録することができないし、それどころか、録音だけを聴いた人には異様に遅い演奏などという誤った認識を与えかねない。疑問もためらいもなく積極的に録音をリリースできるアーティストは幸せかもしれない。彼らそして私たちの多くは録音が彼らの音楽の片鱗あるいは全部を再現できると思っているし、音楽の現象学に拘らない人々にとっては実際そうとも言えるのだろう。

チェリビダッケの演奏を録音すると、片鱗どころかその最も魅力的なところがすっぽりと抜け落ちてしまう。悲しいことに（？）チェリビダッケの芸術と録音は根本的に相容れない関係なのである。

にもかかわらずチェリビダッケにはイタリア、北欧、フランス、ドイツのオーケストラを指揮した録音が数多く残されており、その「品質」は録音に積極的なアーティストたちのＣＤと比べても遜色がないほどであると言われている。これでは「録音が嫌いと言いながらしっかりと録音しているじゃないか」と言いたくなる人がいても不思議ではない。ここで注目したいのは、ミュンヘンフィルより前に指揮していたオーケストラのほとんどが「放送交響楽団」だったという事実である。放送オーケストラである以上、当然そのコンサートは録音され放送される運命にある。シュトゥットガルトに滞在していた時も最近演奏されたというシューベルトが放送されていた。録音というデメリットの一方で放送オーケストラではリハーサルのための時間を多く取ることができた。チェリビダッケはこのメリットとデメリットについて考えながらオーケストラを選択していたはずである。コンサートと放送番組出演を本分とするオーケストラであるから、放送番組の件を許容すればレコードやCDの販売を拒否してもチェリビダッケに対する風当たりはさほど強くなかっただろう。しかしコンサートの記録用音源の著作権はチェリビダッケだけのものではないのでいつの日かそれがリリースされることを覚悟しておく必要がある。穿った見方をする人なら「チェリビダッケは遺産用に録音を溜めていた」などと言うかもしれない。実際結果としてそれらの録音は遺族の許諾によって公式なCDやDVDとなってリリースされ、オーケストラやチェリビダッケ財団に正当な収益をもたらし海賊版による著作権侵害をある程度阻止することに成功している。だがチェリビダッケ自身は自分の演奏を録音によって後世に残そうなどと思っていなかったのは確かだ。なぜなら彼が一番避けたかったのは録音によって自分の芸術が誤解されることだったからである。

こうして幸か不幸か残されていた音源は先ずミュンヘンフィル時代のもの（ベルリンフィルが一部含まれる）がEMIから公式CDとしてリリースされ、次いでドイツグラモフォンがシュトゥットガルト放送交響楽団の音源（収益を全額ユニセフに寄付するという条件付きで発売に合意した自作の《タッシェンガルテン》を含む）とスウェーデン放送交響楽団の音源をCD化し、しばらくしてアルトゥス（販売：キングインターナショナル）からミュンヘンフィルの一九八六年東京公演の音源がCDとLPでリリースされ、さらに同じくアルトゥスからフランス国立放送管弦楽団との一九七四年頃の音源がCD化されている。また録画されながらチェリビダッケの許諾が得られずCDだけが発売されているもの（ブルックナーの交響曲第四番・ソニークラシカル）もある。映像についても触れておくとミュンヘンフィルや一九九二年のベルリンフィルとのDVDがソニークラシカル始め各社から発売されているほかトリノRAI交響楽団とのDVDがTDKコアから発売されている。古いところではあのベルリンフィルとの《エグモント》もある。そして特別な存在として映画「チェリビダッケの庭」がある。記録されている音源や映像はまだあるのでこの先も新たなリリースがなされるに違いない。

アルファベータブックスの前社長の佐藤英豪氏から本書に推薦盤を書いてほしいとの依頼を受けていたのだが、私はCDの批評家ではないしCDは再生装置によって聞こえ方も随分違うから推薦盤を選ぶことは差し控えたい。そこでチェリビダッケの七〇年代と八〇年代のオリジナルテープをもとに日本の高度な技術を駆使してリマスターを施しリリースしているアルトゥス（販売：キングインターナショナル）の斎藤啓介代表の自信作を数点紹介しておくことにする（頭はCDの品番）。

ALT138-139　ブルックナー：交響曲第五番（一九八六年十月二十二日ミュンヘンフィル東京公演）

ALT140　ムソルグスキー：《展覧会の絵》　シューマン：交響曲第四番　ドヴォルザーク：スラヴ舞曲第八番（一九八六年十月十四日ミュンヘンフィル東京公演）

ALT141　ロッシーニ：歌劇《どろぼうかささぎ》序曲　R・シュトラウス：交響詩《死と変容》　ブラームス：交響曲第四番　ほか（一九八六年十月十五日ミュンヘンフィル東京公演）

ALT282　ルーセル：交響曲第三番　ブラームス：交響曲第四番（一九七四年十月二十三日フランス国立放送管弦楽団パリ公演）

ALT283-284　シューベルト：交響曲第七番（未完成）　ベートーヴェン：交響曲第七番　ほか（一九七四年九月十七日フランス国立放送管弦楽団パリ公演）

ALT285　ブラームス：《悲劇的序曲》　ベートーヴェン：ピアノ協奏曲第五番（ソリスト：ミケランジェリ）（一九七四年十月十六日フランス国立放送管弦楽団パリ公演）

ALT292　ベートーヴェン：交響曲第六番　ストラヴィンスキー：《ペトルーシュカ》（抜粋）（一九七四年二月六日フランス国立放送管弦楽団パリ公演）

ALT293　ブラームス：交響曲第三番　ミヨー：《ブラジルの郷愁》　レスピーギ：《ローマの松》（一九七四年二月十五日フランス国立放送管弦楽団パリ公演）

ALT294　シューベルト：《ロザムンデ》序曲　ドヴォルザーク：チェロ協奏曲（ソリスト：フルニエ）　デュティユー：《メタボール》（一九七四年十月二日フランス国立放送管弦楽団パリ公演）

ALT295　シューベルト：交響曲第五番　ウィンナワルツ集（一九七三年十二月三十日フランス
　国立放送管弦楽団パリ公演）
ALT296　モーツァルト：レクイエム（一九七四年二月二十二日フランス国立放送管弦楽団パリ公演）
ALT297　ヴェーバー：歌劇《魔弾の射手》序曲　ハイドン：交響曲第百二番　シューマン：
　交響曲第二番（一九七四年二月二十七日フランス国立放送管弦楽団パリ公演）
ALT300　シューマン：ピアノ協奏曲（ソリスト：アルゲリッチ）　プロコフィエフ：《ロメオ
　とジュリエット》第二組曲（一九七四年五月十九日フランス国立放送管弦楽団パリ公演）
ALT301-302　ラヴェル：スペイン狂詩曲（一九七三年十二月二十三日）《マ・メール・ロア》
　（一九七四年二月六日）《道化師の朝の歌》（一九七四年五月二十九日）ラ・ヴァルス
　（一九七四年十月二日）《ダフニスとクロエ》第一・第二組曲（一九七四年十月十六日）（以上
　フランス国立放送管弦楽団パリ公演）

この中で斎藤代表が個人的に最もすごいと思っている録音がALT293の《ローマの松》（ＣＤでも腰が抜けたとのこと）、次がALT292の《ペトルーシュカ》とALT285のミケランジェリとのベートーヴェンの三曲だそうである。アルトゥスでは日本公演の一部をＬＰ化もしているので良い再生装置をお持ちの方は聴き比べてみると良いかもしれない。

ＥＭＩからのミュンヘンフィルのＣＤとドイツグラモフォンからのシュトゥットガルト放送

交響楽団のＣＤが発売された当時どちらを好むかファンの間で話題になった。シュトゥットガルト時代とミュンヘン時代ではチェリビダッケの演奏に違いがあるのは確かだと思う。例えば一九七六年にリーダーハレで聴いたチャイコフスキーの交響曲第六番と一九九三年に日本で聴いた同曲とでは、シュトゥットガルトの演奏はオーケストラを自在に操り一度聴いたら忘れられないような凄みのある音楽であったし、ミュンヘンの演奏はより広い流れの中で奇跡のような響きが生まれていた。両者をＣＤで聴くとどうなるか？　音楽の現象学に基づくチェリビダッケ入魂の響きは録音ではすっぽりと抜け落ちてしまう。これはディナーミク云々の話だけではなく一つ一つの音がもたらすファミリーやパート間の反応や受け渡しなどチェリビダッケの音楽の最も基本となる要件であり、たとえその一つ一つが録音で聴き取れたとしても（例えば「チェリビダッケのピアニシモ」が再現できたとか）、相互の関連やバランスは変化しており総体的な再現はできない。実演と録音では立体と平面以上の違い、生きている人間と蝋人形ほどの違いがあるのはどうしようもないことである。しかも録音は実像を変化させてしまう怖さがある。だが、一方でチェリビダッケがリハーサルで言ったとされている「皆さん、レコードでもいいからウィーンフィルの音を聴いてみてください」という言葉の通り、録音が伝えてくれるものもある。これは誰もが経験的に知っていることだ。チェリビダッケの実演に接することができなかった世代が録音を聴いてファンになることをチェリビダッケ本人はともかく遺族は望んでいる。それらを聴く時、その録音は部分的な情報だけを、ときには変化させて鳴らしているのだという前提で聴くべきだと思う。なぜわざわざこのようなことを書くかというと、そうしていないケースがあまりに多いからである。ＣＤや放送などで素晴らしいと思えた演奏家を見つけたらその演奏家が現在活躍している人であれば必ず実演を聴きに行くことをお勧めする。

晩年のチェリビダッケとミュンヘンフィルは、録音とはあまりにもかけ離れた音楽を演奏していた。そこにはオーケストラを自在に操る名伯楽《めいはくらく》ではない、オーケストラ自体がブルックナーの交響曲第九番のリハーサルでのチェリビダッケの言葉、

「皆さんは、チェリビダッケに従い、あるいは反して、心から演奏してくれる」

（「あるいは反して」と言うところがいかにもチェリビダッケらしいのだが）のとおり、音楽の現象学を自律的に共有している指揮者とオーケストラメンバーの姿があった。舞台でチェリビダッケとともに起立しているメンバーたちの誇らしげな表情をＤＶＤで確認してほしい。オーケストラに向って合掌するチェリビダッケの少し猫背の後ろ姿はポーズではなく率直な感謝の気持ちの表れだったのである。キャリアの最後にオーケストラと最良の関係を築くことができたチェリビダッケは幸せであったし、オーケストラの歴史の中で最も輝かしい時代を経験できたメンバーも幸せだったと思う。

チェリビダッケと作曲家たち

チェリビダッケのレパートリーは決して狭くないが、特に気に入った作品は幾度も頻繁にプログラムに取り上げている。

気に入らない作曲家の代表格はマーラーで、その作品はチェリビダッケにとって「サラダ」だった。マーラーはブルックナーより少し前の世代だが両者はヴィーンで活躍し大規模な交響曲を作曲した点で同列に扱われることが多く、マーラーもブルックナーも得意という指揮者が少なくない。しかし音楽家チェリビダッケにとって際限なく不安定に行きつ戻りつするマーラーの交響曲は「フォルムのない」無秩序な音楽で演奏する気にならないものであった。

ここではチェリビダッケが好んで演奏していた作曲家に関するエピソードをいくつか、チェリビダッケとの会話や発言の中から挙げてみたい。

ジョスカン・デ・プレ

チェリビダッケの経歴ではジョスカン・デ・プレの研究で学位を得たとされているが、この時期チェリビダッケはジョスカン・デ・プレを始め本書に出てくるフレスコバルディなどルネッサンスからバロック初期の作曲家の作品を研究しており、音楽の現象学の講演でもその「今では聴けない響き」について触れている。この「響き」の意味には現代とは比較にならない静けさの中で人々が生活し教会で神の音楽を聴いていた時代のことや、平均律ではない一部を除いて純正な調律のことが含まれている。ガスタイクのフィルハーモニーの開館記念コンサートでハインリヒ・シュッツの作品とブルックナーの作品を演奏した背景の一つにはこうした時代を振り返る見識があるのかもしれない。

バッハ

「ヨハン・セバスティアン・バッハは、彼が書いたすべてのものにおいて我々の師である。——セルジュ・チェリビダッケ」

ある日バッハの《インヴェンションとシンフォニア》の楽譜にチェリビダッケはこう書いてくれた。クラシック以前の作曲家の作品でチェリビダッケが最も多く演奏していたのはやはりバッハの作品であり、ミュンヘンフィルの小編成アンサンブルで演奏していた。それこそCDでも分かることだが昨今の時代考証に基づく古楽アンサンブルとはかなり趣が異なる演奏である。これはどちらが正しいということではなくヒストリカルなアプローチをするのか時代を超えた音楽としてのアプローチをするかの違いであり、重要なのはどのようなアプローチであるにせよ音楽の現象学に則っているかどうかであろう。

モーツァルト

「モーツァルトの音楽は白と黒の音楽だ」

これはチェリビダッケがモーツァルトについて度々言っていた例えである。これに対するのはロマン派以降の色彩感豊かな音楽ということになろう。チェリビダッケはモーツァルトでは特に弦のヴィブラートを抑えていたし、《レクイエム》のソリストたちもオペラティックな歌唱にならないように注意していた。よく「チェリビダッケの演奏は遅い」と言われるが、そういう人にお聞かせしたいのが交響曲第四十番のCDであろう。楽譜の指定はモルト・アレグロであり、ほかに指定通り演奏している指揮者にヴィルヘルム・フルトヴェングラーがいる。

ベートーヴェン

チェリビダッケも他の大指揮者同様ベートーヴェンの交響曲を度々演奏してきたし、音楽の現象学の講義では必ずと言って良いほど第五番を例に挙げて説明していた。そしてもちろんベートーヴェンが偉大な作曲家であることは十分認めていたのだが、曲の形式やベートーヴェン自身が書いたメトロノーム表示についてはしばしば否定的な発言があった。

「（《エロイカ》は）何でまた第四楽章が変奏曲なんだ？」

しかし聴いた人はご存知のとおり、チェリビダッケは《エロイカ》の第四楽章をこの上なく雄大かつ精緻に演奏している。

さて、度々演奏していたベートーヴェンの交響曲の中で唯一の例外が《第九》であった。チェリビダッケがガスタイクで《第九》を演奏したのは一九八九年三月十五、十六、十七、十九日だけ、しかも定期演奏会を始めとする同一プログラムの一連のコンサートだから、取り上げたのはこの時一回だけと言っても良いだろう。これは演奏するのを避けてきたと言えるほどの少なさである。機会ならいくらでもあるのに、なぜチェリビダッケは《第九》をほとんど演奏しなかったのか？

第一の理由はチェリビダッケが《第九》を、それも第四楽章をあまり好まなかったということである。

「第一楽章、素晴らしい！　第二楽章も第三楽章も素晴らしい！　それなのに第四楽章ときたら、まるでサラダだ！」

チェリビダッケが「サラダ」と言うとき、いろいろなものが無秩序に混ざり合っている状態を指している。チェリビダッケにとって、第四楽章は構造的にとりとめのない音楽なのである。

しかしそれだけの理由で〝素晴らしい第一〜第三楽章〟を持つ《第九》を演奏しないというのも何か不自然だ。《エロイカ》は何度も演奏しているのだから。本人にあえて質問しなかったのだが、私はその最も大きな理由がフルトヴェングラーにあると考えている。

学生チェリビダッケは、ベルリンでフルトヴェングラーのリハーサルやコンサートに通い詰めた。もちろんそこでは《第九》が頻繁に演奏されていた。今日フルトヴェングラーの《第九》を生で聴いた人はおそらくもうおられないと思うが、今もなお多くの人々が半世紀以上前の録音を聴いて感動している（現在はアルトゥスから可能な限り音質を向上させたCDが出ている）。チェリビダッケはフルトヴェングラーの《第九》を、リハーサルを含めて、生で、すぐそばで耳にしていたはずである。

フルトヴェングラーは自身の分身のように《第九》を演奏していた。そしてそれらは、多くの人々が感動せずにいられない演奏であった。チェリビダッケは、フルトヴェングラーの演奏の奥底にある芸術の神髄を十二分に理解し受け止めていた。その上で、自らの音楽の現象学に則った《第九》を、この時限りで演奏したのだ。

第四楽章。チェリビダッケは、クライマックスへの道のりを精緻な緊張感をもって具現していく。ベートーヴェンが何度も推敲を重ねてスコアに書き記した音とその相関関係、そして一音一音から生じる現象のすべてが、ベートーヴェンが思い描いたであろう響きとなってガスタイクのフィルハーモニーを満たすように、丹念な足どりで進んでいく。「アラ・マルチア」も、感情的熱狂的な演奏や現代風の簡素な演奏とはかけ離れた気品を備えている。チェリビダッは作品のテクスト（歌詞）を文学的に表現するアプローチには否定的なのだが、にもかかわらず純音楽的なアプローチから生まれる「ひざまずいたか人々よ…宇宙の果てに愛する父なる神がいるのだ」は、シラーの詩を合唱付きの交響曲に取り入れたベートーヴェンの心を伝えてやまないのである。

フルトヴェングラーから響きとテンポについての啓示を受けたチェリビダッケが年月を経て音楽の現象学を極め、フルトヴェングラーからの問いに答えるかのように演奏したのがこの《第九》なのだ。
それは一九四九年三月十九日にフルトヴェングラーがミュンヘンフィルと《第九》を演奏してからちょうど四十年目のことであった。

ブルックナー

「ブルックナーはミステリアスな作曲家だ。でもどこがミステリアスなのか、皆解らないだろうね」

セミナーや学生たちとの語らいでチェリビダッケは時々作曲家の誤りや欠点を指摘することがあったが、ことブルックナーに関してはそうした発言を聞いた記憶がない。ブルックナーはチェリビダッケが最も尊敬しつつ身近に感じていた作曲家であった。「ミステリアスな作曲家」とは「皆」が知っているブルックナーの人間像のことではなく、その作品に内在する「ミステリアス」な要素のことを言っているのである。それはゲネラルパウゼとかブルックナー・ゼクエンツとかトリスタン和音や多くの改訂版の存在など「皆」が知っている作曲技法上の要素ではなく、音楽の現象学における「始まりと終わりの同時性」を生じさせる要素のことなのである。

ブルックナーの「ミステリアス」さに深い共感を寄せていたのはチェリビダッケだけでなく、ミュンヘンフィルもそうであった。ミュンヘンフィルは元々ブルックナーに縁のあるオーケストラだったがチェリビダッケとの十数年間ではるかに「ブルックナー化」していった。交響曲第八番のリハーサルで第二楽章の中間部になると指揮者とオーケストラメンバーが一緒に歌い始める場所があり、それを耳にするとブルックナー自身もその箇所を歌いながら記譜していたのではないかと思えたものである。

ミュンヘンフィルが客演指揮者とブルックナーを演奏するにあたっては特に音楽総監督の意向が反映していたはずで、その中でギュンター・ヴァントがしばしば登場していたのが注目される。例えばチェリビダッケが指揮した一九九五年九月の交響曲第九番に続いて同年十一月にギュンター・ヴァントが交響曲第五番でプログラムに登場している。もう一人チェリビダッケがブルックナー指揮者として認めていたのはオイゲン・ヨッフムであり、どちらもミュンヘンに縁がある指揮者であるのも興味深い。

ブルックナーの版について触れておくと、チェリビダッケは、交響曲第三番はレオポルト・ノーヴァク版（一八八八、一八八九年）、交響曲第四番、第五番、第六番及び第七番はロベルト・ハース版、第八番はレオポルト・ノーヴァク版（一八九〇年）を採用しているが、それ以外に独自の楽器指定等をしている可能性もあり興味のある方は調べてみると良いと思う。

チェリビダッケのブルックナーを実際に聴いた人々の数は次第に減っていくが、私たちには映画「チェリビダッケの庭」がある。それは自他ともに認めるブルックナー指揮者の実像をこれからも伝え続けてくれることであろう。

音楽の現象学の講演について

本書に収録されている音楽の現象学についての講演をミュンヘンのベートーヴェン協会の会長であるカナル博士から依頼されたとき、なぜチェリビダッケが愛想良く承諾したのか「今もって謎である」と、グンドルフ・レームハウスは「本書について」に記している。チェリビダッケは、音楽を志す人々と膝を突き合わせて指導することや音楽大学で講義をする活動を生涯にわたって各地で行ってきたが、それらは、学生オーケストラを組織して学生が指揮をしたり受講生の側から聴きたいことを質問させて一緒に答えを探す、すなわち相互作用や実践を伴うものであって、今回のような「一面的」で一方通行的な「講演会」という形式で音楽の現象学を伝えるのは確かに異例のことなのである。にもかかわらずチェリビダッケが引き受けた理由の一つとして考えられるのは、講演が行われた場所がミュンヘン大学だったということであろう。ミュンヘン大学はフッサールの現象学と縁の深いミュンヘン学派の本拠地としての歴史があり、ミュンヘン市芸術監督のチェリビダッケが哲学の現象学に対峙する音楽の現象学の記念碑的講演をするのにふさわしい場所だからである。

ここでチェリビダッケは二つの道によって音楽の現象学を説こうとする。第一は音と響きについての理論、第二は音楽が人間に及ぼす影響についての考察である。これほどの内容を「できるだけ一時間以内で」講演するよう依頼されたら「無理に微笑む」しかないだろう。講演であるから見出しが付いているわけではないが、およそ次のような事柄についてチェリビダッケは独特の懇切丁寧さと直截さが入り混じった語り口で「短く感じる一時間」の講演を進めて行く。

・人間が見つけ出した、音楽になり得る音について
・音のファミリーについて
・オクターヴについて
・五度について
・音楽の現象学と哲学的現象学との違いについて
・二つの音の現象学的な関係について
・対立について
・響きについて
・テンポについて
・自由と人間について
・現象学とティーセンについて

チェリビダッケと言えば、ブラームスの交響曲第四番第一楽章の始め方やブルックナーの交響曲第四番第四楽章のコーダなど人々に驚きをもって受け取られる演奏表現が有名なのだが、この

講演の中でチェリビダッケはそれらの一つ一つが別個にあるのではなく音楽の現象学に基づく演奏全体の中で必然的にそうなるのだと言っている。

細部まで透徹した彼の音楽表現に批判的な人や付いて行けない人、息が詰まる人も当然いるわけで、そういう人々にとってのチェリビダッケは耽美主義者あるいは「誇大妄想の見せびらかし屋」（映画「チェリビダッケの庭」におけるチェリビダッケの言葉）であり、彼の「音楽は美ではなく真実である」という言葉を受け入れられないかもしれない。また、ウルトラピアニッシモや桁外れのディナーミクなど部分的な印象に驚き感動している人々も音楽の現象学から遠い位置にあると言わざるを得ない。

一つの音はそのファミリーを伴って現れ消えるが、一つ目の音に続いて二つ目の音が現れる時、二つ目の音はもはや初めての音ではなく、一つ目の音に反応して、その影響を受けることによって両者の間に関係が生じ、これが最小の音楽的な単位になる。実際に演奏されるシンフォニーでは、この最小単位が限りなく複雑に大規模になった関係が生じ、それを演奏するメンバーやパートが受け留めたり対立したりする関係の中で音楽が生成していくのであり、指揮者はそれらが正しく成就するよう全てを把握し正さなければならない。それが完全にうまくいった場合にのみチェリビダッケがディスカッションで述べている「オクターヴ」が生じるのである。

音楽が正しく生成し成就するためには多くのリハーサル時間を要する。指揮者が手短に「そこはこうしてください」と、てきぱきと手際良くリハーサルを進める光景を目にするが、それだけではチェリビダッケが目指すような音楽は生まれない。オーケストラ経営陣から歓迎されることのない長いリハーサルをあえて行うのは、チェリビダッケが意思疎通能力に欠けるからではもちろんなく、オーケストラメンバー全員が音楽の現象学を自分のものとして、音楽の進行の中にいる自分を認識できるようになるまで待っているからに他ならない。スウェーデンやイタリア、デンマークの放送オーケストラで、シュトゥットガルト放送交響楽団やフランス国立放送管弦楽団で、チェリビダッケは、

「メンバーのうち二十人が限界に達している」

と感じた時そのオーケストラを去ってきた。経済的社会的条件による衝突が原因になることも当然あったが、いついかなるときもチェリビダッケは音楽の現象学を実践できることを守り続けた。それは、世の中が自分の音楽観の全てに逆行していると思いながらの道のりでもあった。

ミュンヘンフィルハーモニーとの十七年間はそういうチェリビダッケの音楽人生の中で最も充実した時代であり、特に一九八〇年代の後半から九〇年代に向けて、オーケストラ全員の音楽的な親密さが深まるとともに前人未踏と言って良い境地を開いて行った。日本、ミュンヘン、そして様々の都市の聴衆は、メンバー全体が影響し合いながら一つにまとまっていく音楽を聴くことができた。チェリビダッケが世を去って二十年が過ぎ、今日世界最高と呼ばれるオーケストラの演奏を聴くとき、まるでアスリートの妙技を観ているような気分になるのは私だけだろうか？

一糸乱れぬ演奏がチェリビダッケの言う一つにまとまっていく音楽を奏でているとは限らない

のだ。そして皮肉なことにアスリートたちの一糸乱れぬ演奏は録音で聴いても楽しむことができるのである。チェリビダッケと人生が重複していない人々はたいへん残念だが実演を聴くことはできない。にもかかわらず実演を聴いた経験のないチェリビダッケファンが今も増え続けているのもまた事実である。

チェリビダッケ本人は自分の録音を聴くことなど反対するだろうが、それでも録音を聴く時は、本書に収録されている音楽の現象学の講演録を読んでおくことをお勧めしたい。あの「オクターヴ」を聴くことはもちろんできないが、伝わってくるものもあるわけで、それが何であるかを正しく理解するうえでこの講演録はかけがいのないものだからである。

※第二部に掲載の写真は、表記のあるものを除き、全て石原良哉氏の撮影である。

訳者あとがき

本書はチェリビダッケの没後十周年に当たる二〇〇六年に出版された初版の増補新版である。初版はチェリビダッケの講演、カナル博士の挨拶、ボックホルト教授の講演、ディスカッションという原書と同じ配列で末尾にセルジュ・チェリビダッケ財団から提供された二十八のオーケストラとの公演記録を付したもので、お陰様で好評を得て重版を重ねたのち売切れの状態が続いていた。そこで初版の共訳者鬼頭容子氏のご了解をいただいたうえで訳文を全面的に見直し、一層読みやすい文章になるよう若干の改訂を施すとともに講演等の配列を実際と同じ時系列に改めて第一部とし、さらにチェリビダッケの音楽の現象学をより理解し易くなるよう新たに第二部「音楽は、君自身だ――チェリビダッケの軌跡」を書き下ろして増補新版とした。

私たちは日常生活の中で便利さや迅速さを追求しいろいろな物や情報を早く簡単に手に入ることに慣れているが、時にはお茶を点てたり古刹を訪ねたりして人間が手間暇を惜しまず打ち込んだ末に生まれた「本物」に触れることに喜びを見出そうとする。便利な時代にあっても人は時間をかけて練り上げられた最高のものに憧れを持ち、自由になるささやかな時間とお金をそれに充

石塀からの展望。イタリアにて。
2014年10月。

てる。チェリビダッケのコンサートはそうした本物の芸術を求める人々にとってかけがえのない時間であった。チェリビダッケが舞台に現れると盛大な拍手とブラヴォーコールに包まれ終演後と見紛うほどの熱狂ぶりで迎えられる。時には演奏前にオーケストラが再度起立し答礼することもある。そして指揮棒を挙げた瞬間、普段は日本人よりずっと賑やかなヨーロッパの聴衆でさえ水を打ったように静かになる。とりわけブルックナーではチェリビダッケを「教祖様」と揶揄するマスコミもあったほど、独特の張り詰めた空気の中から現れる芳醇で輝かしい響きの帯は、その場にいた人だけが聴くことができる、録音では決して再現できない現象であった。

シュトゥットガルトで初めてチェリビダッケと言葉を交わしてから三十八年目の二〇一四年十月、セルジュ・イオアン・チェレビダーキ夫妻の結婚式に招かれた私はルーヴル美術館の上映会のフィルムの中でチェリビダッケが腰掛けていた石塀の前にいた。眼下にはかつてチェリビダッケ

チェレビダーキ夫妻の家族とともに。
2014年10月。

が幾度となく眺めたであろう海が青く広がり、島の岩肌に当たる波が白く光っている。今、かつてのチェリビダッケと同じ年代に達した子息の婚礼が行われ、孫の世代へと引き継がれていく。歳月は留まることなく流れ、人間の営みの記憶も時とともに薄らいでいく。その時、チェリビダッケという巨匠を録音でしか聴くことのできない世代のために、その実像が少しでも正確に伝わるよう自分の記憶を書き留めておこうと思い立った。

二〇一六年、セルジュ・イオアン・チェレビダーキ監督による映画「オクターヴ」が完成した。音楽を題材にしているわけではないがチェリビダッケの思いが伝わっているのが分かる没後二十周年にふさわしい美しい作品であり、ぜひ日本でも紹介したいと思っている。

本書の初版を出版したアルファベータは創業者の中川右介元社長から佐藤英豪前社長に交代し、佐藤前社長は増補新版出版の話を進めていた最中に病に倒れ、現在の茂山和也社長が就任し、この企画は再スタートとなった。今回の出版にあたり、増補新版の出版を快諾し構成や条件に同意をいただいたセルジュ・チェリビダッケ財団代表のセルジュ・イオアン・チェレビダーキ氏、歴代社長の三氏、編集担当の結城加奈さん、増補新版第一部の改訳にあたって全面的にご了承いただいた初版共訳者の鬼頭容子さんに深甚な謝意を表したい。

石原良哉

二〇一七年四月十一日

セルジュ・チェリビダッケ年表

一九一二年（〇歳）	六月二十八日（ルーマニアのユリウス暦。現在の暦では七月十一日）ルーマニアのロマンに生まれる。 四歳からピアノを即興演奏し九年間ピアノを学ぶ。 ヤシで数学と哲学を学ぶ。
一九三六年～（二十四歳）	ベルリン音楽大学にてハインツ・ティーセンに作曲を、フーゴー・ディスラーに対位法を、クルト・トーマス及びフリッツ・シュタインに音楽理論を、ヴァルター・グマインドルに指揮を学ぶ。 ベルリン大学にてエドゥアルト・シュプランガー及びニコライ・ハルトマンに哲学を、アルノルト・シェーリング及びゲオルク・シューネマンに音楽学を学ぶ。ジョスカン・デ・プレをテーマとする学位論文をまとめる。 これらの学生オーケストラでバッハのブランデンブルク協奏曲などを指揮していた。
一九四五年	ベルリンにおいてソ連の占領軍当局が開催した指揮者コンクールで優勝。

（三十三歳）	ベルリンフィルの指揮者レオ・ボルヒャルトが占領軍の誤射により亡くなり空席となったポストにオーディションによって選ばれる。 八月二十九日、ツェーレンドルファーハウスにおいてベルリンフィルとの初めてのコンサートを指揮。 十二月一日、ドイツの占領地区における演奏許可証保持者となり、二か月後ベルリンフィル首席指揮者に就任。一九五四年の辞任まで四百十四回のコンサートを指揮。
一九四七年（三十五歳）	五月一日、フルトヴェングラーの「非ナチ化裁判」で無罪を勝ち取る。 五月二十五日、ティターニアパラストにてフルトヴェングラー復帰公演。
一九四八年（三十六歳）	フルトヴェングラーとチェリビダッケの指揮によるイギリス公演。
一九四九年（三十七歳）〜五十一年（三十八歳）	イタリア、フランス、中南米に客演。
一九五二年（四十歳）	フルトヴェングラーがベルリンフィル首席指揮者に復帰。

一九五四年（四十二歳）
十一月二十九日、ベルリンフィルとの最後のコンサート。ドイツ連邦共和国功労十字大勲章を受けベルリンフィルを去る。十一月三十日、フルトヴェングラーが亡くなる。

一九五七年（四十五歳）
十月、ベルリン放送交響楽団を指揮してベルリンでコンサート。

一九五七年（四十五歳）～五十八年（四十六歳）
ケルン放送交響楽団を指揮。

一九六一年（四十九歳）
デンマーク王立管弦楽団を指揮。西ベルリン公演を行う。

一九六二年（五十歳）
イタリアに定住しローマ、ミラノ、トリノ、ナポリのＲＡＩ放送交響楽団を指揮。

一九六三年（五十一歳）
デンマーク王立管弦楽団との契約を終了。スウェーデン放送交響楽団を指揮して、西ドイツ公演を行う。

一九六六年（五十四歳）
一月、ベルリン国立歌劇場管弦楽団を指揮して東ベルリン、ドレスデン、ライプツィヒにて公演。

一九七〇年（五十八歳）
ヴァザ騎士勲章（スウェーデン）、レオニー・ソニング音楽賞（デンマーク）を受賞。

一九七二年（六十歳）
ボローニャ、シエナにて講習会を開催。
シュトゥットガルト放送交響楽団を一九七七年まで定期的に指揮。

一九七五年（六十三歳）
フランス国立放送管弦楽団の客演指揮者。
パリに定住。

一九七七年（六十五歳）
トリノでの講習会を開始。
十月、読売日本交響楽団を指揮して日本公演。

一九七八年（六十六歳）
三月、読売日本交響楽団を指揮して日本公演。
プファルツフィルハーモニー管弦楽団、ロンドン交響楽団を指揮。
マインツ大学にて音楽の現象学の講習会を開始。

一九七九年（六十七歳）
二月、ミュンヘンフィルを客演指揮。
六月、ミュンヘンフィルハーモニー音楽総監督、ミュンヘン市芸術監督に就任。

一九八〇年（六十八歳）
四月、ロンドン交響楽団を指揮して日本公演。
五月・六月、ミュンヘンフィルとともに一か月の指揮講習を開催。

一九八一年（六十九歳）
十月、ミュンヘンフィルとの初のドイツ国内演奏ツアー。

一九八二年（七十歳）	三月、スペイン演奏ツアー。以降毎年国内及び国外ツアーを行う。
一九八四年（七十二歳）	二月、カーティス音楽院の学生オーケストラを指揮してカーネギーホールで公演。 ミュンヘン市当局と衝突、ミュンヘンを去る。秋のアメリカ・カナダ公演はマゼールが代役。
一九八五年（七十三歳）	一月、ミュンヘン市当局と和解し復帰。 十一月十日、ガスタイクのフィルハーモニー開館祝賀コンサートを指揮。
一九八六年（七十四歳）	十月、ミュンヘンフィルを指揮して日本公演。
一九八七年（七十五歳）	シュレスヴィヒ・ホルシュタインにおいて国際青少年オーケストラアカデミーを指導、公演。一九八八年夏にも開催。
一九八八年（七十六歳）	十月、コール首相のソ連訪問に同行しモスクワで公演。 十一月、イスラエルにて公演。
一九八九年（七十七歳）	五月二十三日、ドイツ連邦共和国建国四十周年記念コンサートにおいてミュンヘンフィルを指揮。

一九九〇年（七十八歳）	二月、チャウセスク政権崩壊後のルーマニアをミュンヘンフィルと訪れ演奏するとともに多くの救援物資を届ける。 十月、ミュンヘンフィルを指揮して日本公演。
一九九一年（七十九歳）	バイエルン自由州功労十字勲章を受ける。 三月、ベルリン州教授の称号を受ける。ベルリン放送交響楽団の名誉団員。
一九九二年（八十歳）	三月三十一日及び四月一日、ヴァイツゼッカー大統領の依頼により三十七（三十八）年ぶりにベルリンフィルを指揮。 六月二十八日、ミュンヘン市の名誉市民となる。ドイツ連邦共和国功労十字大勲章を受ける。 十月、ミュンヘンフィルを指揮して二日間の日本公演。ミケランジェリと共演。
一九九三年（八十一歳）	三月、ミュンヘンフィルを指揮して日本公演。
一九九四年（八十二歳）	九月、健康の不調から舞台で倒れたが、十一月に復帰。
一九九五年（八十三歳）	二月、健康を取り戻しフィルハーモニーにおいてモーツァルトの《レクイエム》をミュンヘンフィルと演奏。 九月、ブルックナーの交響曲第九番をミュンヘンフィルと演奏。

一九九六年（八十四歳）	六月四日、フィルハーモニーにおいて生涯最後のコンサートをミュンヘンフィルと行う。 八月十四日、パリ郊外の別荘において逝去。

※次の頁から「セルジュ・チェリビダッケ公演記録」になります。
横組みのため、巻末から始まります。この裏は、公演記録の最終頁となります。

Über musikalische Phänomenklogie
by Sergiu Celibidache

First published in Japan
by Alphabeta Books Co.,Ltd
2-14-5 Iidabashi Chiyoda-ku, Tokyo, JAPAN 102-0072

増補新版　チェリビダッケ　音楽《おんがく》の現象学《げんしょうがく》

発行日　2017年　5月31日　増補新版第1刷
　　　　2006年11月10日　初版第1刷
　　　　2009年　6月25日　初版第3刷

著　者　セルジュ・チェリビダッケ
訳　者　石原良哉
発行人　茂山和也

発行所　株式会社 アルファベータブックス
〒102-0072 東京都千代田区飯田橋2-14-5
Tel 03-3239-1850　Fax 03-3239-1851
website http://ab-books.hondana.jp/
e-mail alpha-beta@ab-books.co.jp

装　丁　佐々木正見
印　刷　株式会社エーヴィスシステムズ
製　本　株式会社難波製本

ISBN 978-4-86598-032-5　C0073

【著者】

セルジュ・チェリビダッケ　SERGIU CELIBIDACHE

1912年ルーマニア生まれ。1936年ベルリンに留学してハインツ・ティーセン等から作曲、指揮、音楽理論、対位法、音楽学、哲学などを学ぶ。1945年のドイツ敗戦によって指揮活動を禁じられたフルトヴェングラーに代わってベルリンフィル首席指揮者に就任、414回ものコンサートを指揮するとともにフルトヴェングラー復帰のために尽力した。しかし厳格な音楽観と楽団の運営方針との間で摩擦が生じてフルトヴェングラーの死の直後ベルリンを去り、シュトゥットガルト放送交響楽団を始めヨーロッパ各地のオーケストラに客演した。1979年ミュンヘンフィル首席指揮者に就任し1996年に永眠するまでその地位に留まり、ブルックナーの交響曲などの伝説的名演を指揮した。本人は録音の芸術的価値を認めることがなかったが多くの録音や映像が記録として存在し、現在もチェリビダッケファンが増え続けている。

【第二部著者・初版及び増補新版訳者】

石原　良哉　（いしはら　りょうや）

1976年シュトゥットガルトを訪ねチェリビダッケから指揮の手ほどきを受ける。1977・78年の来日時セミナーを受講。すべての来日公演とリハーサル、晩年のミュンヘン公演、リハーサルを聴き、講習会を受講。1997年映画「チェリビダッケの庭」(1996)を日本語訳するとともに、東京（恵比寿ガーデンシネマ）、名古屋（愛知芸術文化センター）におけるプレミア上映に携わる。ＥＭＩ創立100周年を記念してリリースされたＣＤ、キングインターナショナル・アルトゥスレーベルのＣＤ・ＬＰのライナーノート執筆、新聞文化欄への寄稿など、音楽家チェリビダッケの実像の紹介に努める。映画監督であるセルジュ・イオアン・チェレビダーキ氏（チェリビダッケの長男）の日本窓口を務めるとともに、チェリビダッケの音楽を受け継いだミュンヘンフィルの元首席奏者たちの公演を企画している。オフィス良代表。訳書に『巨匠チェリビダッケの音楽と素顔』（中村行宏氏と共訳、アルファベータ）がある。

セルジュ・チェリビダッケ
公演記録

【注】

・セルジュ・チェリビダッケ財団提供のデータをそのまま収録する。

・チェリビダッケが指揮した28のオーケストラが収録されている。

・それぞれのオーケストラごとに、データの項目は異なる。

・演奏された年月日、会場まで記されているものもあれば、曲名だけのものもある。

・同財団がフランスにあるため、曲名、地名などがフランス語になっているものもある。

目次

ベルリン・フィルハーモニー管弦楽団

作曲家・作品別（作曲家の姓のアルファベット順）

BACH :
Brandenburg Concerto No1 en Fa majeur, Student Orch. of Hochschule für Musik. 1944 Brandenburg
Brandenburg Concerto No3 en Sol majeur. 20-09-46
Brandenburg Concerto No4 en Sol mineur. Orch. für Müsik. 1944
Brandenburg Concerto No5 en Ré majeur.1944
Brandenburg Concerto No6 en Si bémol majeur. 1944
Concerto No2 en Fa majeur. BWV 1047.
Concerto for 2 Violins and Strings en Ré mineur. / Titania Palast (TP) : 11-11-45 12-11-45
Orchestral Suite No2 en Si mineur. BWV 1067. / TP : 25-11-45

BARBER :
Adagio for strings, op.11. / TP : 17-03-1946 18-03-1946 02-09-1949
Capricorn Concerto, op.21. / TP : 04-04-1950

BEETHOVEN:
Ouverture pour Egmont - 1950.
Leonore III 10-11-46. Berlin. (Rundfunk Répétition 07-10-57)
An die Hoffnung, op.94. Haus der Berliner Rundfunks (HBR) : 08-09-46
Coriolan. Ouverture, op.62. / TP : 25-11-45
Der Geschöpfe des Prometheus. Ouverture. / TP : 27-03-49 and 28-03-49
Egmont. Ouverture. / TP : 13-04-47
Fidelio. Ouverture. / TP : 09-11-47
Piano concerto No3en Do mineur. / HBR : 09-12-45
Piano concerto No4 in En Sol majeur ,op.58. / Friedrichstadt Palast (FP) : 19-11-47
Piano concerto No5, in EB major. / Deutsches Opernhaus. 10-03-46
Symphonie No1 en Ut majeur, op.21. / TP : 01-03-50
Symphonie No2 en Ré majeur, op.36./ TP : 03-03-46 HBR 17-12-47
Symphonie No3 en Mi bémol majeur, op.55. / TP : 27-03-49 and 01-01-51
Symphonie No4 en Si bémol majeur, op.40. / TP : 02-01-50
Symphonie No5 en Ut mineur, op.67. / TP : 30-08-48
Symphonie No6 en Fa majeur, op.68. / TP : 29-02-48
Symphonie No7 en La majeur, op.92. / TP : 23-12-45 04-10-53
Symphonie No8 en Fa majeur, op.93. / TP : 02-09-49

Violin concerto en Ré majeur , op.61. / TP : 28-09-49

BARTOK :
Concerto for Orchestra, Sz 116. / Konzertsaal der Hochschule für Musik. 29-11-54 and 30-11-54 the last concert with Berlin before 31-03-92

BERGER : Rondo Ostinato. / TP : 22-01-50 et 23-01-50

BERG : Violin Concerto. / TP : 25-03-51

BERLIOZ :
Le Corsaire. Ouverture. / TP : 01-09-47
Benvenuto Cellini. Ouverture. / TP : 30-08-48
Le Carnaval romain. Ouverture. / TP : 01-03-50
La Damnation de Faust op.24. / TP : 01-01-46
Les Francs-Juges. Ouverture. / 1951 ?

BIZET :
Symphonie No1. / TP : 9-11-53
L'Arlésienne. Suite No2. / TP : 01-01-48

BLACHER :
Concertante Musik, op.10. / TP : 03-03-47
Variations on a theme of Niccola Paganini. / TP : 26-09-51

BORODIN :
Prince Igor. Ouverture. / TP : 06-04-49
Symphonie No2. / TP : 03-03-49

BRAHMS :
Two Hungarian Dances. / Hockey Club. 15-09-45
3 Hungarian Dances. / TP : 26-12-49
Concerto for Violin, Cello and Orchestra in A minor, op.102. / TP : 12-05-46
Ein Deutsches Requiem. Op.45 / 25-11-54
Piano Concerto No2 in Bb major. / HBR : 05-04-47
Symphonie No1 en Ut mineur, op.68. / TP : 01-09-46
Symphonie No2 en Ré majeur, op.73. / TP : 06-07-47 et 19-10-52
Symphonie No3 en Fa majeur, op.90. / TP : 25-11-45
Symphonie No4 en mi mineur, op.98. / TP : 04-02-46
Tragic Overture. Op.81. HBR : 08-09-46 / TP : 22-09-49
Variations on a Theme by Haydn, op.56a. / TP : 14-10-45

Violin Concerto en Ré majeur , op.77. / TP : 02-02-47, 22-09-49 with Y. Menuhin

BRITTEN :
Sinfonia da Requiem. / HBR : 10-11-46
Variations on a Theme of Frank Bridge. Op.10. / TP : 25-03-51

BRUCH :
Violin Concerto No1 en Sol mineur , op.26. / TP : 26-05-46

BRUCKNER : Symphonie No7 en Mi majeur. / HBR : 28-09-46

BUSONI :
Concerto pour violon. / TP : 8-05-48, 09-05-49
Lustspiel - ouverture. / TP : 14-10-45
Berceuse élégiaque, op.42. / TP : 25-11-46

CASELLA : Symphonie pour Orchestre, op.63. / TP : 07-03-49

CHAVEZ :
Symphonie No1 di Antigona. / 07-12-50
Symphonie No2. / TP : 19-10-52

CHERUBINI :
Ouverture d'Anacréon . / TP : 07-03-49

CHOPIN : Concerto pour piano No2. op.21. / TP : 28-01-49

CHRENNIKOW : Suite Viel Lärm um Nichts. / Haus der Kultur der Sowjetunion in Berlin. 08-11-47

CHOSTAKOVITCH :
Symphonie No7 / Berlin Admiral Palast 22-12-46
Gos / TP : 31-08-47

COPLAND : Appalachian Spring. / TP : 04-04-50

CORELLI : Concerto grosso No8 en Sol mineur , op.6. / TP : 23-12-45

DEBUSSY :
Jeux. / 20-03-48

Petite suite (Berlin Rundfunk)
La Mer. / TP : 31-08-47
Nocturnes. / Goldener Saal. 14-12-49
Prélude à l'après-midi d'un Faune. / TP : 05-09-49

DELIBES : Coppelia ; excerpts. Deutsches Opernhaus. 29-12-46

DIAMOND : Rounds for string Orchestra. / TP : 04-04-50

DUKAS : L'apprenti sorcier. / TP : 22-10-51

DVORAK :
Two slavonic dances. / Deutsches Opernhaus. 29-12-1946
Cello Concerto in B minor. / TP : 29-08-48
Symphonie No9 in E minor, op.95. / Corso Theater. 23-01-49

ELGAR :
Cockaigne overture, op.40. / TP : 18-01-48
Introduction and Allegro for String Quartet and String Orchestra. / TP : 10-10-48

ENESCU : Romanian Rhapsody No1 in A major. / TP : 19-10-47

FALLA : El Sombrero de très picos ; 3 Dances. / Corso Theater. 09-10-49

FRANCAIX : Fantasie for Cello and Orchestra. / TP : 03-03-49

FRANCK :
Symphonic Variations for Piano and Orchestra, op.46 / TP : 19-01-48
Symphonie en Ré mineur . / TP : 27-09-48

GENZMER : Concerto pour flutes / 09-12-50 or 07-12-50 ?

GERSHWIN :
Rhapsodie in blue. / 1954.
Piano Concerto in F. / 1954 ?

GHEDINI : Arcitecture - Concerto for Orchestra and Piano. / TP : 31-05-53

R.GLIERE : Konzert für Kolorartursop, op.82 / HRB : 06-07-46

GLUCK :
Alceste Overture. / DO : 10-03-46
Orfeo and Euridice ; Orfeo's Aria. / TP : 20-01-46

HÄNDEL : Cantata con strumenti ; Arioso. / TP : 20-01-46

HARRIS : Symphonie No3. / TP : 10-04-49

HAYDN :
Cello Concerto No2 en Ré majeur./ TP : 20-01-47. Corso Theater : 11-09-49
Symphonie No13. HBR : 15-03-47
Symphonie No28 in A major. / TP : 20-01-49
Symphonie No45. 03-07-46
Symphonie No73 《la Chasse》 / TP : 23-03-47
Symphonie No92 En Sol majeur. 《Oxford》 / TP : 06-01-46
Symphonie No94 en Sol majeur. / TP : 28-09-46
Symphonie No103 en Mi bémol majeur. / TP : 18-03-46
Symphonie No104 en Ré majeur. / TP : 20-01-50
autre catalogue :
Sting Quartet, op. 325 ; Serenade. / TP : 26-12-49

HEGER : Chaconne und Fuge über eine Zwölftonreihe. / TP : 23-10-49. World premiere.

HINDEMITH :
Concerto pour piano (G.Puchelt) / 4-09-49
Symphonishe Metarmophosen über Themen von Carl Maria v. Weber

HÖFFER : Kammerkonzert, op.49. / Zinnowald-Saal. 21-02-46
Piano Concerto, op.45. / DO. 01-12-46. World premiere.

HOLST : St. Pauls Suite for String Orchestra, op.29. / HBR : 24-03-46

HONEGGER :
Pacific 231. / TP : 04-09-49
Symphonie No3 ; 《Liturgique》 / TP : 21-12-47

HUMPERDINK : Hänsel und Gretel ; Prelude. / TP : 26-12-49

KABALEVSKY : The Comedians Suite. / HDK. 08-11-47

KHACHATURIAN : Gayaneh ; 3 excerpts. / TP : 26-09-48

LALO :
Cello Concerto en Ré mineur. / TP : 05-01-47
Symphonie Espagnole, op.21. / Kinosaal Cosmos. 22-11-46

LIADOV : Kikimora, op.63. / TP : 10-10-48

LISZT :
Hangarian Rhapsody No1 in F minor. / TP : 26-12-49
Hangarian Rhapsody No2 en Ré mineur. / Hockey-club. 15-09-49
Les Préludes. / TP : 13-02-49

MENDELSSOHN :
A Midsummer Night's Dream - ouverture op.21. / TP : 03-03-49
Piano Concerto No1 en Sol mineur. Op.25 / TP : 04-11-47
Piano Concerto No2 en Ré mineur. Op.40. / Corso Theater. 21-03-48
Symphonie No3 in A minor. / TP : 04-11-47
Symphonie No4 in A major. / TP : 11-10-48
Concerto pour violon en Mi mineur, op.64. / TP : 26-09-51
Le Conte de la Fée Mélusine Août 45
Symphonie 《Mathis der Maler》 / TP : 13-09-48

MILHAUD :
Suite française / 31-03-51
Saudades do Brazil. / TP : 19-01-47
Suite Provencale, op.152b. / TP : 12-03-50
Symphonic Suite No2 ; ouverture ; nocturne ; finale. / Corso Theater. 11-09-49

MOUSSORGSKY : A Nighr on the Bare Mountain. / TP : 31-03-46, 20-01-49

MOZART :
Concerto pour violon No5. / Postdam. 22-04-46
Concerto pour violon No9 / 06-03-50
Die Zauberflöte Ouverture, K.620. / TP : 26-05-46
Cosi fan tutte. K.588 ; Aria. / TP : 06-06-48
Divertimento No2 en Ré majeur., K.131. / 10-01-46
Don Giovanni Overture. K.527. / TP : 19-01-47
Horn Concerto No3. K.447. / DO. 30-06-46
La Clemenza de Tito Overture. K.621. / TP : 18-02-46
Le Nozze di Figaro. Cavatine. K.492. / TP : 07-06-48

M ia Bella fiamma., addio, / Ario. Zinnowald-Saal (ZS) 17-05-46
Piano Concerto No15. / TP : 21-12-47
Piano Concerto No19. / 19-01-46
Piano Concerto No20. / TP : 31-12-50
Piano Concerto No21. / TP : 09-11-47
Piano Concerto No23. / TP : 23-10-49
Rondo for Horn and Orchestra en M i bémol majeur.K.371. / ZS,. 03-07-46
Serenade No13 in En Sol majeur. K.525 / ZS. 03-07-46
Sinfonia Concertante en M i bémol majeur. / TP : 03-02-46
Symphonie No38 en Ré majeur. K.504. / DO. 24-02-46 / TP : 19-09-49
Symphonie No40 en Sol mineur. K.550. / ZS. 21-02-46 / TP : 31-03-49
Symphonie No41en Do mineur. K.551. / TP : 14-06-53

MURADELI : Georgischer symphonischer Tanz. / HRB. 17-12-47

NABOKOV : Parade. / DO. 02-06-46

NICOLAI : Die Lustigen Weiber von Windsor. Ouverture. / DO. 29-12-46

OSIEK : Concerto for Piano and Orchestra. / Corso Theater. 09-10-49
(World premiere)

PANUFNIK : Nocturne. / TP : 26-03-50

PISTON : Symphonie No2. / TP : 06-04-50

POULENC : Stabat Mater. / TP : 29-10-53

PROKOFIEV :
Symphonie No1. / TP : 06-02-48, 06-07-47
Romeo and Juliet, op.64. / TP : 01-09-46 (German premiere)

PURCELL : Kine Arthur suite / RSO Berlin 16-08-45

RACHMANINOV :
Piano Concerto No2 en Do mineur, op.18. / HRB. 17-12-49
Piano Concerto No3 en Ré mineur , op.30 / TP : 26-03-50

RAPHAËL :
Symphonie No4. 07-12-50
Jabonah. Suite. / TP : 13-02-49

RAVEL :
Bolero. / TP : 15-03-48
Daphnée et Chloée. / TP : 03-09-50
Le Tombeau de Couperin. / TP : 31-03-47, HRB : 19-09-47
Ma Mère l'Oye. / TP : 19-02-50, 29-10-53
Piano Concerto. / TP : 19-09-49
Rhapsodie espagnole. / TP : 17-03-46

RAWSTHORNE : Piano Concerto No2. / TP : 19-10-52

REGER : Die Toteninsel aus der Böcklin Suite, op.128/3 / HRB. 08-09-46

RESPIGHI :
Ancient dances and Airs for Lute. / TP : 02-03-47
Pines of Roma. / TP : 03-03-49

ROUSSEL : Petite suite pour Orchestre / 24-07-45

SAINT-SAENS : Samson et Dalila. Air de Dalila. / HRB. 20-01-46

SALAS : Concerto pour Piano, op.28. / TP : 21-10-51

SCHUBERT :
Ballettmusik No1. / TP : 01-01-48
Rosamunde - Ouverture. D. 644. / TP : 03-02-46
Symphonie No2 en Si majeur, D.125. / HBR : 28-01-47
Symphonie No4 en Do mineur, D.417. / HBR : 28-01-47
Symphonie No 5 en Si bémol majeur ; D.485. / ZS. 10-01-46
Symphonie No8 en Si mineur, D. 759. / TP : 28-10-45, 01-12-47
Symphonie No9 en Do majeur, D.944. / TP : 11-11-45, 28-10-51
Zauberharfe - Ouverture. / TP : 23-12-46

W.SCHUMANN : Symphonie No3. / TP : 26-09-51

G.SCHUMANN : Variationen und Gigue über ein Thema Von Händel. / HBR : 25-10-46

SCHUMANN :
Cello Concerto in A minor, op.129. / TP : 08-11-53
Concerto pour piano en La mineur, op.54. / TP : 12-03-50
Symphonie No1 en Si bémol majeur, op.38. / CT. 23-01-49

Symphonie No3 en Mi bémol majeur, op.97. / TP : 05-01-47
Symphonie No4 en Ré mineur, op.120. / TP : 20-01-46
Concerto pour Violon en La mineur, op.129. / TP : 22-01-50

SCHWARZ-SCHILLING : Introduction und Fuge für Streichorchester. / TP : 10-04-49

SIBELIUS :
En Saga, op.9. / TP : 27-04-47
Symphonie No2 en Ré majeur, op.43. / TP : 19-09-49
Valse triste, op.44/1. / TP : 01-01-48
Concerto pour Violon en Ré mineur, op.47. / TP : 04-01-48

SMETANA : Ma Vlast ; Moldau. DO. 29-12-46 / TP : 01-03-50

STEPHAN : Musique pour Orchestre en un mouvement. / TP : 08-05-49

J.STRAUSS (1827-1870) : Dorfschwalben aus Österreich Waltz, op.164. / TP : 01-01-48

J.STRAUSS (1825-1899)
Le beau Danube bleu, op.314. / HC, Dahlem. 15-09-45
Die Fledermaus - Ouverture. / HC. 15-09-45
G'schichten aus dem Wienerwald, Waltz op.325. / TP : 26-12-49
Kaizer Waltz, op.437. / DO. 29-12-46

R.STRAUSS :
Also sprach Zarathustra. op.30 / TP : 18-09-49
Don Juan, op.20. / TP : 04-01-48
Drei Gesänge mit Orchester. / TP : 18-09-49
Freundliche Vision und Ständchen. / TP : 06-06-46
Till Eulenspiegels lustige Streiche, op.28. / TP : 31-08-47, 14-02-49
Tod und Verklärung, op.24. / TP : 18-09-49

STRAVINSKY :
Jeux de cartes / 06-03-50, 21-02-50
Concerto pour Piano et instruments à vent. / TP : 04-10-53
Concerto en ré majeur pour Orchestre à cordes. / TP : 08-05-49
Fireworks, op.4. / TP : 05-01-47
Suite No1 for small Orchestra. / TP : 11-11-45
Symphonie des Psaumes. / TP : 14-06-53

Concerto pour Violon en Ré majeur. / TP : 26-09-48

TCHAÏKOVSKI :
Andante cantabile, op.11. / TP : 01-01-48
Capriccio italien, op.45. / TP : 01-01-46
Eugene Onegin. / TP : 23-12-46
Concerto pour Piano No1 en Si mineur, op.23. / DO. 02-12-45 / TP : 07-03-49
Roméo et Juliette. Ouverture. / TP : 30-03-47
Symphonie No2 en Do mineur, op.17. / TP : 21-02-50
Symphonie No4 en fa mineur, op.36. / TP : 01-04-46, 18-01-48, 25-03-51
Symphonie No5 en Mi mineur, op.64. / TP : 08-12-46
Symphonie No6 en Si mineur, op.74. / TP : 06-01-46, 23-01-49
Casse Noisettes - ballet Suite, op.71a. / TP : 29-12-46
Concerto pour Violon en Ré majeur, op.35. / TP : 06-04-49

TELEMANN : Tafelmusik. / 21-03-46

THÄRICHEN : Concerto pour flûte et Orchestre à cordes. / TP : 14-06-53

TIESSEN :
Hamlet suite. / Berlin Rundfunk 07-10-57
Salambo ; excerpts. / Berlin RO. 07-10-57
Sinfonie 《Stirb und werde》 / Berlin RO 07-10-57
Vision pour Violon et petit Orchestre. / 30-11-54 dernier concert avec la Philharmonie de Berlin.
Vorspiel zu einem Drama. / TP : 08-12-46

VAUGHAN : Symphonie No4 en Fa mineur. / 01-04-51

VERDI :
Aida ; excerpts. / DO. 29-12-46
Don Carlos, Aria. / TP : 02-09-49

VIVALDI :
Concerto pour violon en ré majeur n.19
Concerto grosso en Ré majeur. / TP : 30-10-53
Concerto grosso en Ré mineur. / TP : 20-01-46

WAGNER :
Der Fliegende Holländer. Ouverture. / Haus des Berliner Rundfunks. 25-10-1946
Die Meistersinger von Nürnberg ; Prelude to Act III. / Corso Theater. 17-04-1949

Goetterdaemmerung. / TP : 23-12-1946
Parsifal. / Corso Theater. 17-04-49
Siegfried. Idyll. / TP : 03-02-1949
Tannhauser. Ouverture. / Hockey-club, Dahlem (concert for the American Soldiers) 15-09-1945
Träume for violin and Orchestra. / Corso Theater. 17-04-1949, 01-01-1950
Tristan und Isolde ; Prelude und Liebestod. / TP : 24-11-1946, 01-01-50

WEBER :
Die Freischutz - Ouverture. / TP : 12-05-46, 07-07-47
Euryanthe - Ouverture. / TP : 28-10-45, DO : 17-12-45
Fagott Concerto en Fa majeur. / 28-08-45
Oberon - Ouverture. / TP : 10-04-49
Peter Schmoll und Seine Nachburn - Ouverure. / CT : 23-01-49, / TP : 28-01-49

WOLF : Fünf Lieder mit Orchesterbegleitung. / HRB. 20-01-46

WELLESZ : Symphonie en Do majeur, op.62. / TP : 14-03-48 World premiere.

ウィーン交響楽団

WIEN 14-12-49 :
UHL : Molière Suite.

WIEN 30-12-52 :
LISZT : Les préludes.
RAVEL : Concerto pour Piano (main gauche) et Orchestre en Ré majeur.
BRAHMS : Symphonie No.1.

18-10-55 :
TCHAIKOSVSKI :Symphonie No.6

チェコ・フィルハーモニー管弦楽団

18-01-68
BARTOK : Concerto pour Orchestre
STRAVINSKY : L'oiseau de feu

カラカス（ユース）交響楽団

Viernes / 07-11-62
RAVEL : Rhapsodie espagnole

ケルンＷＤＲ放送交響楽団

BRAHMS :
Symphonie No.1 / Essen 29-09-58
Ein deutsches Requiem / WDR 28-10-57

BLACHER :
Variations sur un thème de Paganini / Köln 21-10-57

HINDEMITH :
Métamorphoses symphoniques / Köln 24-10-58 Essen 29-09-58

MENDELSSON :
Ouverture du songe d'une nuit d'été / Köln 05-10-58

RAVEL :
Alborada del Gracioso / 1958
Ma Mère l'Oye / Köln 21-10-57
Daphnis et Chloé - suite No.2 / Köln 05-10-58

SCHUBERT :
Symphonie No.2 / Köln 05-10-58
Rosamunde ouverture / Köln 21-10-57

STRAVINSKY :
L'oiseau de feu - suite / Essen 29-09-58, Rome 24-10-58

R.STRAUSS :
Don Juan / Köln 05-10-58, San Carlo di Napoli 25-10-58

TCHAIKOVSKI :
Symphonie No.6 / Köln 21-10-57

ルツェルン祝祭管弦楽団

14/08/74 :
SCHUBERT : Symphonie No.6
SCHOENBERG : Variations pour Orchestre op.31
SIBELIUS : Symphonie No.2

14/08/78 :
MENDELSSOHN : Ouverture des Hébrides
SCHOECK (arr. Ringger) :6 Liedu op.55
DEBUSSY : Trois Nocturnes
PROKOFIEV : Suite scythe

15/08/79 :
CASELLA : Italia
HINDEMITH : Der Schwanendreher
DVORAK : Symphonie No.9

スイス・イタリア語放送管弦楽団

BEETHOVEN : Symphonie No.7. / Lugano 31-10-74

BRAHMS : Variations sur un thème de Haydn. / 18 ou 19-09-75

DEBUSSY : Prélude à l'après-midi d'un fauve. / 18 ou 19-09-75

HAYDN : Symphonie No. 92. / Lugano 17-10-73

MOZART : Symphonie No.40. / 17-10-75

RAVEL : Le tombeau de Couperin. / Lugano 17-10-75

SCHUBERT : Symphonie No.8 (à vérifier). / Lugano 14-06-63

TCHAÏKOVSKI : Casse Noisette, Suite op.71a

チューリッッヒ・トーンハレ管弦楽団

BERLIOZ : Ouverture du carnaval romain. / 1979

DVORAK : Danse slave No.8. / 20-03-78

FALLA : Le tricorne - danse des meuniers. / 20-03-68

PROKOFIEV : Symphonie No.5. / Radio suédoise. 1968.

RAVEL : Alborada del gracioso. /1968

SCHUBERT : Symphonie No.8. / 1979

ロンドン交響楽団

Londres 11-04-78
HINDEMITH : Mathis der Maler
PROKOVIEV : Roméo et Juliette
VERDI : La force du destin. Ouverture

Madrid 19-04-78
BRAHMS : Symphonie No.4 - Danse hongroise No.1
DEBUSSY : Iberia
DVORAK : Danse slave No.8
PROKOFIEV : Roméo et Juliette. Mort de Tybald (ainsi qu'à Osaka le 26-04-80)
STRAVINSKY : Trois danses de Petrouchka

Londres 06-11-78
DEBUSSY : La mer
RINSKY- KORSAKOV : Sheherazade - mouvements 1, 2 , 3
ROSSINI : La pie voleuse - ouverture

Londres - Royal Fest. Hall 31-05-79
BRAHMS : Symphonie No.1, No. 3. Première danse hongroise.

Londres - Royal Fest. Hall 18-09-79
DEBUSSY : Prélude à l'après-midi d'un Faune
RAVEL :Rhapsodie espagnole

SCHUMANN : Symphonie No.2
WAGNER : Tannhauser - Ouverture

Londres 21-09-79
MOZART : Symphonie No.38
PROKOFIEV :Symphonie No.5
SIBELIUS :En saga

Londres - Royal Fest. Hall 10-04-80
DEBUSSY : Iberia (ainsi qu'à Tokyo le 18-04-80)
MOUSSORGSKI : Les tableaux d'une exposition (ainsi qu'à Tokyo le 18-04-80)
TIPPET : The midsummer marriage - 4 ritual dances (ainsi qu'à Tokyo le 18-04-80)

Londres 13-04-80
BRAHMS : Symphonie No.1 (ainsi qu'à Osaka le 26-04-80)
KODALY : Danses de Galanta (ainsi qu'à Osaka le 26-04-80)
RAVEL : Ma Mère l'Oye. (ainsi qu'à Osaka le 26-04-80. Plus Alborada del Gracioso)

Londres 08-04-82
DUKAS : L'Apprenti sorcier
FAURE : Requiem
RAVEL : Concerto pour piano No.1 (Michelangeli)

Londres 06-03-53 Abley Road Studio
BRAHMS : Concerto pour violon ; en studio.

ローマＲＡＩ放送交響楽団

BEETHOVEN : Concerto pour violon. / 30-01-54

BRAHMS : Ein deutshes Requiem / 25-02-56

BRITTEN : Les Illuminations. / 30-03-57

BRUCKNER :
Grande messe No.3. / 15-03-58

Symphonie No.4. / 18-03-60

CHOSTAKOWVITCH : Symphonie No.9. / 08-03-58

HENZE : Trois pas de Tritons. / 10-01-59

HINDEMITH : Mathis der Maler. / 11-05-68

MALIPIERO : L'Asino d'oro. / 26-03-60

MILHAUD : Suite française. / 12-04-69

MONTEVERDI : Les vêpres de la Vierge. / 17-01-59

MOZART :
Grande messe K.427 / 26-03-60
Concerto pour deux pianos (No.10)
Requiem.

PROKOFIEV : Symphonie No.5. / 17-01-59

SCHUBERT :
Symphonie No.2. / 24-11-61
Symphonie No.9. / 24-11-61
Symphonie No.8. / 11-03-58

SCHUMANN :
Symphonie No.2. / 18-03-60 et 12-04-69
Symphonie No.4. / 10-01-59

R.STRAUSS : 4 derniers Lieder. / 12-04-69

TCHAIKOVSKI : Symphonie No.6. / 13-10-59

TIESSEN : Salambo. (3 parts). / 08-03-58

WOLFF : Serenata italiana. / 11-05-68

ヴェニスフェニーチェ歌劇場管弦楽団

Venise. 31-10-65
BÄCK : Intrada
CHERUBINI : Symphonie en Ré majeur.
MOUSSORGSKY : Tableaux d'une exposition

トリノＲＡＩ放送交響楽団

BACH : Cantata No.106. / 22-01-1954

BÄCK : Intrada. / 18-02-66

BARTOK :
Danses populaires roumaines. / 09-01-62
Concerto pour Orchestre. / 10-0256

BEETHOVEN:
Symphonie No.9. / 28-03-58
Symphonie No.7. / 17-05-1954

BERLIOZ :
Roméo et Juliette. Extraits / 4-04-60
Symphonie fantastique. / 29-04-68, 24-10-69, 13-02-56

BOCCERINI : Symphonie No.16. / 04-09-61

BORODINE : Le prince Igor. Danses polovtsiennes. / 09-01-62

BUSONI : Divertmento for flute and orch. op.52 / 21-03-58

BRAHMS :
Rhapsodie pour contralto. / 23-01-59
Symphonie No.2. / 31-10-69
Haydnvariations. / 23-01-59 Auditorium.

BRUCKNER : Symphonie No.9. / 02-05-69

CASELLA :

Concerto pour violon et Orchestre. / 15-03-57
La donna serpente- Ouverture. / 04-09-61

CHERUBINI :
Anacréon. Ouverture. / 15-03-57, 21-02-55
Ouverture du porteur d'eau. / 30.04.70

CHOSTAKOVITCH : Symphonie No.5. / 21-02-55

DALLAPICCOLA : Partita. / 26-04-68

DEBUSSY :
La demoiselle élue. / 30-01-59
Trois images. / 13-02-56

DVORAK :
Symphonie No.9. / 05-01-62
Symphonie No.7. / 18-02-66
Danses slaves. / 26-01-59

FRANCK : Symphonie. / 12-01-62

A.GABRIELI :
Aria della bataglia. / 08-04-60
In ecclesiis. / 08-04-60
Ecco virginabella. / 08-04-60
Quem vidistis. / 08-04-60
Sonata pian'e forte. / 30.04-70

G.GABRIELLI : Three canzone. / 31-10-69

GERSHWIN : An American in Paris. / 19-01-1954

GHEDINI :
Architeturre. / 05-06-53
Concerto pour Orchestre. / 21-03-58

HÄNDEL : Giulo Cesare. Aria Se pieta di me son senti. / 18-02-55

HAYDN : Symphonie No.102. / 12-01-1962

HINDEMITH : Marienleben. / 18-02-55

MALIPIERO : Symphonie No.4. / 10-02-56

MENDELSSOHN : Hebriden-ouverture. / 26-01-59

MILHAUD : Saudades do Brasil. / 13-06-52

MOZART :
Concerto pour flûte No.2. K.314 / 21-03-58
Six danses. / 09-01-62
Requiem. / 03-05-68
Symphonie No.40. / 21-05-54
Concerto pour violons et Orchestre No.4. / 26-01-59
Symphonie No.39. / 24-10-69

MOUSSORSKY :
Les tableaux d'une exposition. / 30-01-59
A night on a bare mountain. / 16-06-52

PERAGALLO : Fantasia / 04-09-61

PISTON : Symphonie No.2. / 13-06-52

PROKOFIEV :
Roméo et Juliette (3 parts) / 04-04-60
Concerto pour piano No.3. / 05-01-62
Suite scythe.
Symphonie No.5. / 30-04-70

RAVEL :
Boléro. 14-05-54
Pavane pour une enfant défunte. / 10-04-70
Daphnée et Chloée, 1 et 2 suite. / 20.06.52
Ma mère l'Oye. / 18-02-55
Le tombeau de Couperin. / 24-02-67 (Auditorium della Rai)
Alborada del Gracioso. / 30-01-59

RESPIGHI : Les pins de Rome. / 01-04-60

RESZNICEK : Donna Diana ouverture. / 10-02-56

RIMSKY-KORSAKOV : Sheherazade / 24-02-67

ROSSINI : La scala di seta - ouverture

SCHUBERT :
Symphonie No.2. / 02-05-69
Symphonie No.8. / 19-01-54
Rosamunde. / 22-03-57
Symphonie No.5 et 8. / 24-04-70

SCHUMANN : Symphonie No.4. / 22-01-54

SIBELIUS : Symphonie No.5. / 10-04-70

SMETANA : Moldau. / 21-02-55

R.STRAUSS : Mort et transfiguration. / 30-04-70

STRAVINSKY :
Petrouchka - 3 danses. / 10-04-70
L'oiseau de feu. / 17-10-69
PsalmSymphonie. / 20-06-52
Le baiser de la fée. / 22-03-57
Jeux de cartes. / 01-04-60
Concerto pour violon et Orchestre. / 24-02-67

TCHAIKOVSKI :
Symphonie No.4. / 24-03-58
Symphonie No.5. / 21-05-54
Capriccio italien. / 14-05-1954
Roméo et Juliette. / 04-04-60

VERDI :
I vespri siciliani - ouverture. / 10-04-70
La forza del destino. Ouverture. / 04-09-61

VIVALDI : Concerto Grosso RV 217. / 22-01-54

WAGNER :
Tannhäuser - ouverture. / 19-01-54
Siegfried. Idyll. 31-10-69

ナポリＲＡＩ放送交響楽団

ALBINONI : Cantata 《Dolce languore》 two arias. / 02-57

BARBER :
Adagio for strings.
Capricorne suite.

BARTOK : Romanian folkdances.

BEETHOVEN:
Symphonie No.4. / 15-12-59
Symphonie No.6.
Symphonie No.2.
Symphonie No.8. / 02-57

BRITTEN :
Variation on a thema by Bridge.
Les illuminations. / 02-57

BRAHMS : Variations Haydn. / 12-11-71

CHERUBINI : Médéa. Ouverture. / 30-12-58

CORELLI : Concerto grosso opus 6-8. / 07-12-59

DVORAK : Sérénade opus 22. / 22-04-68

FRESCOBALDI : Ricercare and Toccata. / 04-02-67

HAYDN :
Symphonie No.104. / 07-12-59
Symphonie No.102. / 30-12-58

HINDEMITH :
Kammermusik No.2. / 15-12-59
Concerto for clarinet and Orchestra No.2.

MARGOLA : Partita. / 05-01-59

MENDELSSOHN : Symphonie No.4. / 28-01-67

MILHAUD :
Sérénade. / 22-04-68
Saudades do Brasil. / 08-02-57

MOZART :
Symphonie No.36. / 05-01-59
Sérénade No.7 KV 250 《Haffner》. / 22-04-68, 17-12-57
Concerto pour piano No.9. / 28-01-67
Eine Kleine Nachtmusik. / 07-12-59
Symphonie No.41. / 12-11-71
Sérénade No.9 KV 320 《Posthorn》. / 05-02-66
Symphonie No.40. / 04-02-67

PROKOFIEV :
Symphonie No.1. / 04-02-67
Concerto pour violon No.1. / 22-12-57

RAVEL :
Le tombeau de Couperin. / 17-12-57
Introduction et allegro pour harpe et Orchestre. / 05-02-66
Ma mère l'Oye. / 28-01-67

RESPIGHI : Trittico botticelliano. / 15-12-59

ROUSSEL : Petite suite

SCHUBERT :
Rosamunde. Ouverture and ballet. / 22-12-57
Symphonie No.6. / 22-12-57

SCHUMANN :
Symphonie No.2. / 05-02-66
Concerto for cello and orch. / 30-12-58

STRAVINSKI : Suite No.2. / 22-12-57

TCHAÏKOVSKI : Sérénade opus 48. / 12-12-57

TURCHI : Piccolo concerto notturno. / 04-02-67

VIVALDI : Stabat Mater. / 05-01-59

WAGNER : Siegfried. / 12-11-71

ミラノＲＡＩ放送交響楽団

BARTOK :
Concerto pour orchestre. / 30-03-62
Portraits pour violon et Orchestre. / 11-02-66
Romanian dances. / 18-04-69

BEETHOVEN :
Ouverture pour Egmont. / 05-04-68
Léonore III. / 17-04-70
Symphonie No.2. / 03-01-53
Symphonie No.3. / 27-03-59
Symphonie No. 6 / 08-01-60
Symphonie No.5 / 08-01-60
Concerto pour Violon. / 23-03-62

BERLIOZ :
Symphonie fantastique : un bal. / 22-02-60
Roméo et Juliette. Scène d'amour. / 11-02-66

BIZET : Symphonie No.1. / 02-01-54

BRAHMS :
Symphonie No.3. / 20-03-59
Symphonie No.1. / 20-03-59
Symphonie No.2 / 24-03-59
Symphonie No.4. / 24-03-59
Variations de Haydn. / 29-01-60
Ein deutsches Requiem. / 19-02-60
Piano Concerto No.2 in Bb major. / Teatro alla Scala. 03-10-69
Danses hongroises No.1 - 3 - 10. / 27-03-62

BRITTEN : Concerto for violin and orchestra. / 18-04-69

BUCCHERINI : Concerto pour Flûte et Orchestre. / 27-03-59

CASELLA : Sinfonia per Orchestra

CHERUBINI : Anacréon - Ouverture. / 05-03-55

CHOSTAKOVITCH :
Symphonie No.1. / 17-0552
Symphonie No.9. / 17-02-67

CORELLI :
Concerto grosso op.6-8 - menuet. / 22-02-60

DEBUSSY :
La mer. / 29-01-60
Ibéria. / 21-04-69

DE FALLA : Le tricorne - Suite. / 27-03-62

GABRIELI :
Suscipe Clementissime. / 30-03-62
Ricercare per sonata a otto. / 30-03-62
Jubilate Deo. / 30-03-62

G.GHEDINI : Contrapunti per tre archi. / 05-04-68

FRANCK : Variations symphoniques pour piano et Orchestre. / 11-04-68

HAYDN : Symphonie No.104. / 05-03-55

LIPATTI : Concertino for Piano and Orchestra. / 02-01-54

MENDELSSOHN : Symphonie No.4. / 09-01-54, 31-03-61

MILHAUD : Saudades do Brazil. / 09-03-62

MOUSSORGSKY : Une nuit sur le Mont - Chauve. / 11-02-66

MOZART :
Contredanses. / 22-02-60
Symphonie No.35. / 16-03-62
Symphonie No.39. K.543. / 17-05-52
Symphonie No.41. / 15-01-60

Requiem. / 16-03-62
Andante pour flûtes et Orchestre K.315. / 27-03-59

PAGANINI : Violin Concerto No.1 en Ré majeur , op.6. / 28-09-56

PROKOFIEV :
Symphonie No.1 《Classical》 / 17-05-52, 09-01-54
Symphonie No.5. 29-01-60
Concerto pour piano et Orchestre No.5. / 17-02-60
Suite scythe. / 11-04-68
Roméo et Juliette. / 18-03-65

RAVEL :
Ma Mère l'Oye. / 22-01-60
Boléro. / 11-02-66
Daphnée et Chloé. / 17-04-60
La Valse. / 18-04-69

REVUELTAS : Sensemaya. / 09-03-62

RINSKY-KORSAKOV : Sheherazade. / 21-04-69

ROSSINI : La gaza ladra. Ouverture. / 04-69

SCHUBERT:
6 danses allemandes. / 22-02-60
Rosamonde. Ouverture et ballet. / 11-02-66
Symphonie No.5. / 12-03-55

SCHUMANN :
Symphonie No.1. / 05-04-68
Symphonie No.4. / 18-03-65

SIBELIUS :
Valse triste. / 22-02-60
Concerto pour violon. / 17-04-70

R.STRAUSS : Don Quichotte. / 11-04-68

J.STRAUSS : Wiener Blut. / 22-02-60

STRAVINSKY : L'oiseau de feu. / 15-01-60

TCHAÏKOVSKI :
Symphonie No.6. / 22-01-60
Casse - noisette : valse des fleurs. / 22-02-60

VIVALDI :
Concerto pour flûte et orchestre. / 22-01-60
Concerto en fa. Menuet. / 22-02-60

WAGNER : Siegfried. Idyll. / 15-01-60

デンマーク王立管弦楽団（コペンハーゲン）

Viersen 07-11-61 :
BENTZON : Sinfonische Variatonen 11-61
CHERUBINI : Anacréon. Ouverture
STRAVINSKY : Oiseau de feu. Suite
SCHUMANN : Symphonie No.2.

デンマーク国立放送交響楽団

BENTZON : Clarinet concerto (28 mins). 04-72

BERG : Violin Concerto 《Dem Andenken eines Engels》 (24 mins.)

BERLIOZ : Symphonie fantastique (48 mins). 25-03-78

BLOMDAHL : Chamber concerto for piano, wood winds and percussion (15 mins).

BRAHMS :
Symphonie No.1, op. 68 (40 mins).
Haydn Variations, op. 56a (10 mins)

BRUCKNER : Symphonie No.8 (76 mins). 16-10-75

CHERUBINI : Anacréon. Ouverture (9 mins). 02-11-72

CHOSTAKOVITCH : Symphonie No.1 (28 mins). 03-73

DALLAPICCOLA : Divertimento for violin and Orchestra (tartitiana seconda) (13 mins) 19-02-70

DEBUSSY :
Ibéria from 《Images pour Orchestre》 (18 mins). 19-02-70
Trois nocturnes (22 mins).
La Mer. 25-03-71

FAURE : Requiem (40 mins).

FRANCK : Symphonie en Ré mineur. (23 mins ?). 16-09-76

HAYDN :
Symphonie No. 94 《Surprise》 (23 mins). 02-11-72
Oboe Concerto, Hob :VII CL (24 mins). 16-09-76

HINDEMITH : Mathis der Maler (25 mins). 03-10-68

LIDHOLM : Ritornell for Orchestra (17 mins)

MAHLER : Kindertotenlieder (22 mins)

MOZART :
Symphonie No.40 (23 mins)
Symphonie No.41 (26 mins) 7-08-71 03-10-68
Sinfonia cancertante KV 197B (28 mins). 01-04-71
Die Zauberflöte, ouverture (6 mins) 03-73
Violin concerto No.3 (22 mins).
Requiem (38 mins).

MOUSSORGSKI : Pictures at an Exhibition (30 mins). 04-72

NIELSEN : Mascarade. Ouverture (3 mins)

RAVEL :
Ma Mère l'Oye (15 mins)
Daphnée et Chloé (55 mins)
Le Tombeau de Couperin (15 mins). 16-09-76 et 01-04-71
Boléro (13 mins). 13-12-70

Alborada del Gracioso (7 mins). 04-72

SCHUBERT :
Symphonie No.8 (21 mins)
German Dances (Orch. Webern) (8 mins)

SIBELIUS : Symphonie No.5 op.82 (28 mins). 07-10-71

J.STRAUSS : Die Fledrmaus, ouverture (8 mins)
Kaiserwalzer (10 mins). 13-12-70
Radetzky - March (2 mins). 13-12-70
Pizzicato Polka (2 mins). 13-12-70
Beliebte Annen- Polka (3 mins). 13-12-70
Tritsch-Tratsch Polka (2 mins). 13-12-70

R.STRAUSS :
Don Juan (15 mins) 07-10-71
Don Quixote, op. 35 (40 mins).

STRAVINSKY : Symphonie of Psalms (19 mins). 01-04-71

TCHAÏKOVSKI :
Symphonie No.4, op. 36 (40 mins)
Symphonie No.5, op.64 (45 mins). 19-02-70
Symphonie No.6 (44 mins). 02-11-72
Capriccio italien (14 mins). 13-12-70

スウェーデン放送交響楽団

ALFVEN : The Mountain King op.37, 4eme mouvement. / 07.06.67 mono

BÄCK : Intrada. / 26-04-64, 07-06-67

BARTOK :
Concerto pour Orchestre Sz 116 / 28-10-62, 17-01-69 et 17-06-70 à Bucarest
Danses roumaines. / 22-11-69

BEETHOVEN :
Léonore III op72a. 16-11-68

Concerto pour piano No.3 op. / 3,7 25-03-66
Concerto pour piano No.5 op.73. A.Michelangeli. / 20-05-69
Symphonie No.2 op.36 / 04-06-67, 14-09-67, 22-09-67 mono
Symphonie No.3 op55. / 22-03-70 stéréo
Symphonie No.4 op60. / 20-09-70 stéréo
Symphonie No.5 op.67 / 06-09-67 stéréo
Symphonie No.6 op.68 / 06-03-71 stéréo
Symphonie No.7 op.92 / 17-04-64, 05-03-70 stéréo
Ouverture des créatures de Prométhée. / Bonn, Beethovenhalle. 22-09-67
Ouverture d'Egmont. / Oberhausen. 15-09-67

BERLIOZ :
Ouverture du carnaval romain op.9 / 10-03-68, 13-03-69->19-03-69 stéréo
Symphonie fantastique op.9 / 20-11-69 stéréo

BERWALD : Symphonie No.3 op.14a 《singulière》. / 26-11-67 stéréo

BLOMDAHL :
Symphonie No.3. / Berlin 23-09-69 et 27-11-66 à Stockholm.
Concerto pour piano et orchestre. / 24-11-68 stéréo
Suite pastorale. Östersund. Max von Sydow-recitator / 30-06-68 mono

BRAHMS :
Symphonie No.1 op68. / Vienne. 26 et 27-09-69 et le 21-05-69 à Helsinki.
Symphonie No.2. / Bucarest 1970
Symphonie No.3 op.90 / 20-11-69 stéréo
Symphonie No.4 op98. / 27-05-64, 26-03-68 à Palma de Majorca mono
Variations sur un thème de Haydn. / 12-06-66
Un Requiem Allemand op.45 / 09-09-64 stéréo

BRUCKNER :
Symphonie No.4. / 25-03-66 mono , 24-09-69 Berlin stéréo
Symphonie No.7. / 20-09-70 stéréo
Symphonie No.9. / 24-11-68 stéréo

CHAUSSON : Poème pour Violon et Orchestre op.65 / 14-03-70 stéréo

CHERUBINI :
Anacréon. Ouverture.
Symphonie en ré mineur. / 1969

CHOSTAKOVITCH :
Symphonie No.1 en fa majeur op. / 10 28-06-68 mono
Symphonie No.5 en ré mineur op.47. / 19-03-67 stéréo
Symphonie No.9 en mi majeur op.70. / 14-03-71 stéréo

DEBUSSY :
Nocturnes, Nuages et Fêtes. / 01-04-66, 03-04-66
Prélude à l'après-midi d'un faune. / 05-11-70 stéréo
La Mer / 19-04-64 mono

DUKAS : L'apprenti sorcier. / 07-09-68 stéréo

DVORAK :
Concerto pour violoncelle et Orchestre op.104. / 26-11-67 stéréo
Danses slaves No.1. / Vienne. 16-06-70. TV. Et à Bucarest le 06-70. / Berlin le 24-09-70
Danses slaves op.48 No.8. / 17-06-66 TV , 17-03-67, 20-03-68
Symphonie No.9 op.95 / 30-06-68 mono

EGK : Suite française après Rameau, 5eme mouvement. / 08-11-70 stéréo

DE FALLA :
The three cornered hat - suite / 19-06-69, 05-03-70 stéréo
The three cornered hat - suite, 2eme mouvement, dance du meunier. / 15-09-67

FRANCK : Symphony en ré mineur / 19-11-67, 01-12-67, 02-12-67

DE FRUMERIE : Suite pastorale pour flûte et cordes. / 28-06-69 stéréo

GRIEG : Danses symphoniques, op.64, danse No.3 / 27-05-64, 05-11-70 stéréo

HAYDN :
Symphonie No.99. / 14-03-70 stéréo
Symphonie No.104. / 12-03-67 mono

HENZE : Undine, trois pas de tritons. / 19-04-64 mono

HINDEMITH : Mathis der Maler. / 01-09-68 stéréo

KOCH : Polska svedese. / 22-03-70 stéréo

KODALY : Danses de Galanta. / 04-06-67 TV, 28-06-69 stéréo

LINDOHLM :
Ritournelle pour Orchestre. / 16-01-69, 09-03-69 stéréo
Musique pour cordes. / 04-04-65 stéréo

MENDELSSOHN :
Hebriden - ouverture op.26 / 04-06-67 mono
Symphonie No.4 en la majeur op.90 / 07-09-68 stéréo

MOZART :
Symphonie No.36 en do majeur KV.425 / 21-03-71 stéréo
Symphonie No.39 en mi majeur / 13-09-70 stéréo
Concerto pour piano No.24 en do majeur KV 491. / 26-11-65 stéréo
Symphonie No.38 en ré majeur KV 504 / 29-06-69 stéréo

MOUSSORGSKY : Les tableaux d'une exposition. / 25-09-66 stéréo, 09-03-69

PROKOFIEV :
Roméo et Juliette. Suite op.64 a et b / 06-11-70 stéréo
Symphonie classique No.1 en ré majeur op.25 / mono
Symphonie No.5 en si majeur op.100 / 21-03-68 à Basel stéréo
Suite scythe op.20 / 11-04-65 mono

RAVEL :
Alborada del gracioso. / 01-12-67 stéréo
Daphnis et Chloé. Suite No.2. / 08-11-70 stéréo
Ma mère l'Oye. / 04-04-65, 10-09-69 stéréo
Boléro. / TV 03-12-65, 03-04-66 stéréo
Le tombeau de Couperin. / 06-09-67 stéréo
Valses Nobles et sentimentales - No.2. / Berlin. 24-09-69 stéréo
Rhapsodie espagnole / 01-09-68 TV, 07-03-69 stéréo

RESPIGHI :
Pini di Roma. / 27-11-66 mono

RINSKY-KORSAKOV :
Sheherazade op 35 / 07-09-68 stéréo

ROSENBERG :

Marionnette - Ouverture / 21-10-62 mono

ROSSINI :
Ouverture Guillaume Tell. / 25-09-66.mono
Ouverture du Barbier de Séville. / 09-06-67
Scala di Seta. Ouverture. / 26-11-67 stéréo

ROUSSEL :Petite suite / 19-03-67 mono

SAINT-SAËNS : Introduction et rondo capriccioso op28. / 19-06-69 mono

SCHUBERT :
Symphonie No.3 en ré majeur D 200. / 01-12-67 stéréo
Symphonie No.8 en si mineur D 759. / 11-04-65 mono
symphonie No.9 en do majeur D 944. / 26-01-69 mono
Six danses allemandes D 820. / 27-05-64 mono

SCHUMANN :
Symphonie No.2 en do majeur op.61 / 09-03-69 stéréo
Concerto pour piano. A. Benedetti. Michelangeli. / 19-11-67 et avec Ashekenazy le 23-11-66 mono

SIBELIUS :
En Saga op.9 / 20-05-69 à Helsinki stéréo. 24-05-69. Vienne. 16-06-70
Symphonie No.2 en ré majeur op.43 / 26-11-65 stéréo
Symphonie No.5 en mi majeur op.82 / 21-03-71 stéréo
Concerto pour violon et orchestre en ré mineur op.47 / 10-11-68 stéréo

SMETANA : Moldau. Västeras. / 04-06-67 mono

J.STRAUSS : Fledermaus - ouverture. / 08-01-69 TV mono

R.STRAUSS :
Don Juan op.20. / 23-11-69, 08-11-70 stéréo
Till Eulenspiegel op.28. / 21-03-71 stéréo

STRAVINSKY :
L'oiseau de feu. Suite. / 15-09-67 mono et à Berlin le 23-09-69 stéréo
Psalmen sinfonie. / 22-03-70 stéréo
Galop suite No.2. Bucarest. / 12-03-69 à Hamburg stéréo
Le baisée de la fée. / 20-09-67 mono

TCHAÏKOVSKI :
Casse-noisettes. / 03-12-65 TV mono
Symphonie No.4 en fa mineur op.36 / 13-09-70 stéréo
Symphonie No.5 en mi mineur op.64 / 16-11-68 stéréo
Symphonie No.6 en si mineur op.74. / 02-04-65 stéréo
Capriccio italien op.45 / 03-12-66 mono

VERDI :
Forza del Destino. Ouverture. / 02-12-67 stéréo
Macbeth. Air de Lady Macbeth. (acte II) / 01-09-68 TV stéréo
Un ballo di maschera. Récit et air d'Amélie (acte III) / 01-09-68 TV stéréo
La forza del Destino. Air de Leonore. (acte II) / 01-09-68 TV stéréo

WAGNER :
Tristan. Prélude et mort d'Isolde. / 08-09-67 stéréo
Meistersinger. Prélude. / 14-11-70 stéréo
Siegfried. Idyll. / 13-03-67 mono
Wegendonck - lieder

WEBER : Oberon. Ouverture. / 10-11-68 stéréo

フランス国立放送管弦楽団

Paris. TCE. 23-12-73 :
CHERUBINI : Anacréon. Ouverture.
RAVEL : Rhapsodie espagnole.
STRAUSS : Mort et transfiguration.
STRAVINSKY : Symphonie des psaumes.

Paris. Studio 104. 29-12-73
SCHUBERT : Six danses allemandes. (Orch. A. Webern).／Symphonie No.5.
J.STRAUSS : Valse de l'empereur.／Fledermaus. Ouverture／Geschichten aus dem Wiener Wald／Figaro - polka／Pizzicato - polka／Trisch-trasch - polka

Paris. TCE. 30-12-73 Même programme que le 29-12

Paris. TCE. 06-02-74
BEETHOVEN:Symphonie No.6

RAVEL : Ma Mère l'Oye.
STRAVINSKY : Petrouchka. Suite et 3eme mouvement.

Paris. TCE. 13-02-74
BRAHMS : Symphonie No.3.
MILHAUD : Saudades do Brasil.
RESPIGHI : Les Pins de Rome.

Paris. Studio 104. 15-02-74 concert filmé.
BRAHMS :Symphonie No.3.
Celibidache explique et répète la 3eme symphonie de Brahms. 02-74
MILHAUD : Saudades do Brasil.
RESPIGHI : Les pins de Rome.

Paris. TCE. 22-02-74
MOZART : Requiem.

Paris. TCE. 27-02-74
WEBER : Freischütz - Ouverture
HAYDN : Symphonie No.102.
SCHUMANN : Symphonie No.2.

Paris. TCE. 29-05-74 et à Lausanne. 04-06-74
PROKOFIEV : Roméo et Juliette.
RAVEL : Alborada del Gracioso.
SCHUMANN : Concerto pour piano et orchestre.

Besançon. 27-09-74
SCHUBERT :Symphonie No.8.
SCHÖNBERG : Lieder op.8
BEETHOVEN : Symphonie No.7.

Paris. Fac d'Assas. 17-09-74
BEETHOVEN : Symphonie No.7.
DVORAK : Danse slave No.1.
MILHAUD : Saudades do Brasil - Laranjeiras.
SCHUBERT : Symphonie No.8.
SCHÖNBERG : Lieder op.8.
STRAVINSKY : Suite No.2 - polka Galop.
RAVEL : Valses nobles No.2.

Paris. TCE. 02-10-74 et Paris. Studio 104. 05-10-74
SCHUBERT : Rosamonde - ouverture.
DVORAK : Concerto pour violoncelle. P. Fournier
DUTILLEUX : Cinq métaboles.
RAVEL : La Valse.

Paris. Studio 104. 15-10-74
BRAHMS : Ouverture tragique.
BEETHOVEN : Concerto pour piano et orchestre No.5. Michelangelli au piano.
RAVEL : Daphnée et Chloée.

Paris. 40eme anniversaire de l'Orchestre au TCE. 16-10-74
ROUGET DE L'ISLE : La Marseillaise.
BRAHMS : Ouverture tragique.
BEETHOVEN : Concerto pour piano No.5. Michelangeli.
RAVEL : Daphnis et Chloé - suites No.1 et 2.

Paris. TCE. 23-10-74
ROUSSEL : Symphonie No.3.
BRAHMS : Symphonie No.4.

Lille. Théâtre Sébastopol. 25-10-74
ROUSSEL : Symphonie No.3.
BRAHMS : Danse hongroise No.1.／Symphonie No.4.
DVORAK : Danse slave No.1.
RAVEL : Valse noble et sentimentale No.2.
J.STRAUSS : Tritsh Tratsch polka.

パリ音楽院管弦楽団

Paris. Salle Gaveau. / 15-01-75 (avec les répétitions enregistrées).
RAVEL : Le tombeau de Couperin.
MOZART : Concerto pour piano No.17. P.L Aimard au piano.
BEETHOVEN : Symphonie No.4

シュトゥットガルト放送交響楽団

BARTOK : Concerto pour Orchestre. / 12-03-76

BERG : Concerto pour Violon. / 21-10-76

BERGER : Malinconia. / 12-11-81

BERLIOZ : Marche hongroise de la Damnation de Faust. / 09-06-82

BEETHOVEN :
Symphonie No.3. / 21-03-75
Symphonie No.5. Nüremberg. 24-11-72 Stuttgart. / 10-02-82
Symphonie No.6. / 28-11-75, 10-02-82
Symphonie No.7. / 12-11-81
Symphonie No.8. / 21-03-75
Ouverture pour Egmont. / 21-10-76
Ouverture pour Coriolan. / 11-11-82

BRAHMS :
Symphonie No.1. / 47'25 / 21-10-76
Symphonie No.2. / 40'45 / 11-04-75
Symphonie No.3. / 34'45 / 14-11-76
Symphonie No.4. / 42'40 / 23-03-74
Variations Haydn. / 11-09-59, 10-02-77
Danse hongroise No.1. / 28-11-75
Ouverture pour une fête académique. / 23-02-80

BRUCKNER :
Symphonie No.3. / 25-11-80
Symphonie No.4. / 09-11-73
Symphonie No.5. / 25-11-81
Symphonie No.7. / 66'10 / 08-06-71
Symphonie No.8. / 88'35 / 23-11-76, 20-12-74, 18-02-77
Symphonie No.9. / 59'00 / 13-05-72, 05-04-74

CELIBIDACHE : Der Taschengarten. / 1979

CHERUBINI : Anacréon. Ouverture. / 08-03-74

DEBUSSY :
Prélude à l'après-midi d'un Faune. / 28-11-75
La Mer. / 28'10 / 11-02-77
Trois Nocturnes. / 32'35 / 17-10-78 TV : 15-11-80
Images-Ibéria. / 29-02-80

HAYDN :
Symphonie No.94. Nüremberg. / 20-11-73
Symphonie No.102. / 17-09-59
Symphonie No.103. / 08-03-74
Symphonie No.104. / 25-11-80

HINDEMITH :
Métamorphoses symphoniques. / 22-10-64, 09-12-76
Mathis der Maler. / 08-06-71
Concerto pour Violoncelle. / 02-04-76

MENDELSSOHN :
Ouverture des Hébrides. / 09-12-76
Ouverture du songe d'une nuit d'été. / Studio TV 30-11-80

MILHAUD : Saudades do Brazil. / 17'10 / 31-10-79

MOZART :
Symphonie No.35. / 20-06-76
Symphonie No.38. / 23-03-74
Symphonie No.39. / 29-11-74
Symphonie No.40. / 28-02-82
Symphonie No.41. / 08-11-79
Concerto pour Violon No.5. / 30-11-73
Grande messe K.427. / 30-11-73

MOUSSORGSKY : Les Tableaux d'une exposition. / 22-06-76

PROKOFIEV :
Symphonie No.5. / 11-09-59, 31-10-79
Suite scythe. / 28-11-75
Roméo et Juliette. / 44'55 / 13-02-81

RAVEL :
Alborada del Gracioso. / 8'05 1982. / 11-09-59 / Nüremberg le 20-11-73

Daphnée et Chloée. / 08-03-74 Studio le 11-11-82
Boléro. / 11-04-75
Valse molle et sentimentale. / 11-04-75
Ma Mère l'Oye. / 17'30 / 19-02-75
La Valse. / 12'40 / 14-11-76
Le Tombeau de Couperin. / 19'20 / 26-10-78

RESPIGHI :
Pini di Roma. / 23'15 en 1982 / 23-11-72, 20-06-76

RIMSKY-KORSAKOV : Sheherazade. / 29-02-80 TV : 18-02-82

ROSSINI : La Gazza Ladra. Ouverture. / 29-02-80

SCHUBERT :
Symphonie No.5. / 09-11-73, 31-10-79
Symphonie No.9. / 02-04-76
6 German Dances. / 22-10-64

R.SCHUMANN :
Symphonie No.1. / 13-02-81
Symphonie No.2. Tübingen. / 26-10-78
Symphonie No.4. Nüremberg. / 20-11-73

SIBELIUS : En Saga. / 12-11-81

STEPHAN : Music for Orchestra in one mouvement. / 23-02-80

J.STRAUSS (jr) :
Tritsch-Tratsch Polka. / 22-06-76, 27-05-81
Fledermaus. Ouverture. / 27-05-81
Annen Polka. / 27-05-81
Kaizerwalser. / 27-05-81
Auf der Jagd. / 10-06-83
Rosen aus dem Süden. / 10-06-83
Marche du baron tzigane. / 10-06-83

R.STRAUSS :
Tod und verklärung. / 27'30 / 23-11-72 , 11-11-82
Don Juan. / 18'20 / 26-06-76
Ein Heldenleben. / 08-11-79

Till Eulenspiegel / 60'

STRAVINSKY :
Petite suite No.2. / 11-09-58
Le baiser de la fée. / 25'15 / 22-10-64, 29-11-74, 12-03-76
Symphonie des Psaumes. / 13-05-72, 05-04-74
3 danses de Petrouchka. / 23-03-74
L'oiseau de feu. / 26-10-78

TCHAIKOVSKI :
Symphonie No.5. / 23-02-80
Symphonie No.6. / 17-09-59, 09-12-76
Capriccio italien. / 05-06-65
Francesca da Remini op.32. / 30'10 / 11-04-75
Roméo et Juliette. / 25'10 / 19-11-76
Valse des fleurs. / 09-06-82

VERDI : La Forza del Destino-Ouverture. / 11-02-77

WAGNER :
Tristan und Isolde. / 08-03-74

WEBER :
Euryanthe-Ouverture. / 23-11-72
Freischütz-Ouverture. / 17-10-78
Oberon-Ouverture. / 28-02-82

スペイン国立管弦楽団

12-12-52 Palacio de la Musica Madrid (PMM)
PROKOFIEV : Symphonie Classique Op.25
RAVEL : Ma Mère l'Oye
BRAHMS : Symphonie No.1 en Do mineure.

19-12-52 PMM
BRAHMS : Variations sur un thème de Haydn
STRAVINSKY : L'oiseau de Feu
TCHAIKOWSKY : Symphonie No.6

06-03-59 PMM
MILHAUD : Saudades do Brazil
HINDEMITH : Symphonie métamorphose sur un thème de Weber
BEETHOVEN : Symphonie No.7

13-03-59 Palacio de la Musica Barcelona
DVORAK : Trois danses slaves
RAVEL : Ma Mère l'Oye
BRAHMS :Symphonie No.1

14-03-59 Palacio de la Musica Barcelona
MILHAUD :Saudades do Brazil
HINDEMITH : Symphonie métamorphose sur un thème de Weber
WAGNER : Tristan et Iseulde ; Prélude
BEETHOVEN : Symphonie No.7 en La majeure

29-04-60 PMM 01-05-60 Monumental Madrid
MOZART : Six 《Ländler》
Symphonie No.41 《Jupiter》
BEETHOVEN : Symphonie No.5 en do mineur

06-05-60 PMM
GABRIELI-GHEDINI : Aria de la batalla
HAYDN : Symphonie No.102 en si bémol
WAGNER : Tristan et Ysolde ; prélude et mort d'Ysolde
RAVEL : Rhapsodie espagnole

20-01-61 PMM
MOUSSORGSKY : Une nuit sur le Mont-Chauve
SCHUBERT-WEBERN : Danses allemandes
BARTOK : Two Portraits
SCHUMANN : Symphonie No.2 en Do majeur

27-01-61 PMM 29-01-61 Monumental Madrid
BEETHOVEN : Symphonie No.6 《Pastorale》
MOUSSORGSKY-RAVEL : Tableaux d'une exposition

06-04-62 PMM 08-04-62 Monumental Madrid
G.GABRIELI : Tres canciones
MOZART : Symphonie No.39 en mi bémol
BETZON : Variations symphoniques

RAVEL : Daphnée et Chloée

27-04-62 PMM 01-05-62 Monumental Madrid
FRESCOLBADI : Partita sobre 《Passacaglia》
PERAGALLO : Fantasia
REVUELTAS : Sensemaya
BRAHMS : Primera Sinfonia en Do mineur

22-03-63 PMM 24-03-63 Monumental Madrid
BRAHMS : Concerto pour piano No.2 en Si bémol soliste : Alexis Weissenberg／
Symphonie No.2 en Ré majeur

29-03-63 PMM 31-03-63 Monumental Madrid
KORSAKOV : Sheherazade
BEETHOVEN : Symphonie No.3 《Héroïque》

03-04-64 PMM 05-04-64 Monumental Madrid
VERDI : La Force du destin ; ouverture.
DEBUSSY : Prélude à l'après-midi d'un faune
RAVEL : Alborada del gracioso
PROKOFIEV : Symphonie No.5 Op.100

25-08-65 Plaza Porticada Santander
BEETHOVEN : Symphonie No.7 en La majeur
WAGNER : Tristan et Ysolde ; prélude
STAVINSKY : L'oiseau de Feu

27-08-65 Plaza Porticada Santander
WAGNER : Les Maîtres chanteurs ; ouverture
BEETHOVEN : Concerto No.4 en Sol majeur Piano : Nikita Magaloff
BRAHMS : Symphonie No.4 en Mi mineur

31-08-65 V.Eugenia S.Sebastian
BEETHOVEN : Symphonie No.7 en La majeur
WAGNER : Tristan et Isolde
STRAVINSKY : L'Oiseau de Feu

01-09-65 V.Eugenia S .Sebastian
WAGNER : Les Maîtres chanteurs
BEETHOVEN : Concerto pour piano No.4 en Sol majeur Soliste : N. Magaloff

BRAHMS : Symphonie No.4 en Mi mineur

24.25.26-11-78 Teatro Real Madrid
SCHUBERT : Rosamunde ; ouverture.
DEBUSSY : Nocturnes
TCHAÏKOWSKY : Symphonie No.6 《Pathétique》

1.2 et 3-12-78 Teatro Real Madrid
SIBELIUS : Symphonie No.5 en Mi bémol majeur
FAURE : Requiem Solistes : Carmen Bustamante et Roger Soyer

23.24 et 25-03-79 Teatro Real Madrid
MOZART : Symphonie .concertante. Soliste :Tudela Penarrocha Vialcanet Burguera
BRUCKNER : Symphonie No.4 《Romantique》

30.31/3.1-04-79 Teatro Real Madrid
BEETHOVEN : Symphonie No.6 《Pastorale》
STRAUSS : Till Eulenspiegel
RESPIGHI : Les pins de Rome

30/11 1/2- 12 -1979 Teatro Real Madrid
MOZART : Serenata No.7 《Haffner》 Violon : Victor Martin
DEBUSSY : La Mer
RAVEL : Boléro

7.8.9-12-79 Teatro Real Madrid
HALFFTER : Deux Psaumes
STAVINSKY : Symphonie des Psaumes
SCHUMANN : Symphonie No.2 en Do majeur

ブカレスト・フィルハーモニー管弦楽団

BRAHMS :
Symphonie No.4 01-78
Variations sur un thème de Haydn. 24/29-05-78

PROKOFIEV : Roméo et Juliette. 16/21-01-79

RESPIGNI : Pini di Roma / 01-79

RAVEL : Alborada de grascio. / 27, 29-01-79
Rapsodie espagnole. / 16 , 21-01-79

STRAUSS : Don Juan / 16, 21-01-79

STRAVINSKY : L'Oiseau de Feu / 01-78

WAGNER : Mort d'Isolde. : 24, 29-05-78

イスラエル・フィルハーモニー管弦楽団

MOZART : Concerto pour clarinette K.622 / Tel-Aviv 18-11-58

カーティス音楽院交響楽団

NEW-YORK 27-02-84 Carnegie Hall
ROSSINI : Ouverture de la pie voleuse
DEBUSSY : Ibéria
WAGNER : Tristan - prélude et mort d'Isolde
PROKOFIEV : Suite scyte

ライン＝プファルツ・フィルハーモニー管弦楽団

BEETHOVEN:Symphonie No.7 / Trier 1978

MOZART : Concerto pour violon No.5 (R.Rogoff) / Europa Halle 26-06-78

PROKOFIEV :
Symphonie No.1 / Trier 1978
Roméo et Juliette - extraits - TV Ludwigshafen 29-03-1977

WAGNER : Tristan und Isolde : prélude et mort d'Isolde / 29-03-1977

読売日本交響楽団

BERG : Violin Concerto. / 29-10-77 (R.Rogoff)

DEBUSSY : Trois nocturnes

MOZART : Symphonie No.41

RAVEL :
La Valse
Ma Mère l'Oye. / 18-10-77

RESPIGHI : Les pins de Rome. / 17-03-78

シュレスヴィッヒ＝ホルシュタイン祝祭管弦楽団

Stuttgart 17-08-87
RAVEL : Ma Mère l'Oye.
PROKOFIEV : Suite scythe
BRAHMS : Symphonie No.2

Berlin. 21-08-87 Same program.

Hamburg 27-08-88 :
MOZART : Symphonie No.41.

Hamburg 29-08-88
BIALAS : Marschen fantasie
RAVEL : Rhapsodie espagnole
PROKOFIEV : Roméo et Juliette

Paris 03-09-88
WEBER : Euryanthe-ouverture
RAVEL : Rhapsodie espagnole
PROKOFIEV : Roméo et Juliette.

Berlin. 05-09-88
BRUCKNER :

Symphonie No.4
Symphonie No.5

ミュンヘン・フィルハーモニー管弦楽団

BACH :
Brandenburgisches Konzert No.2.
Brandenburgisches Konzert No.6
Messe in h-moll.
Suite No.2.

BARBER : Adagio for strings

BARTOK : Concerto pour Orchestre

BEETHOVEN:
Coriolan-Ouverture
Egmont-Ouverture
Concerto pour piano No.1 Benedetti Michelangelli
Concerto pour piano No.3 Barenboim
Concerto pour piano No.4.
Concerto pour piano No.5
Leonore-Ouverture
Symphonie No.2
Symphonie No.3
Symphonie No.4
Symphonie No.5.06.92
Symphonie No.6
Symphonie No.7
Symphonie No.8
Symphonie No.9
Concerto pour Violon

BERG :
Concerto pour Violon et Orchestre

BERLIOZ :
Le Carnaval romain.
Symphonie fantastique op.14

BIALAS :
Lamento di Orlando f.Bar.gem.chor und Orchester
Meyerbeer-paraphrasen.

BLOCH : Schelomo, eine hebräische Rhapsodie.

BRAHMS :
Akademische Fest. Ouverture
Ein deutsches Requiem.
Doppelkonzert für Violine und Violoncello
Concerto pour piano No.1
Concerto pour piano No.2
Symphonie No.1.
Symphonie No.2.
Symphonie Nr.3.
Symphonie No.4.
Variationen über ein Thema von Joseph Haydn.
Concerto pour Violon.
Orchester a-moll op.102
Ungarischer Tanz No.1 g-moll
Tragishe Overture op.81

BRUCKNER :
Messe No.3
Te Deum.
Symphonie No.3.
Symphonie No.4.
Symphonie No.5.
Symphonie No.6.
Symphonie No.7.
Symphonie No.8.
Symphonie No.9.

CHOSTAKOVITCH :
Konzert für Violoncello No.1
Concerto pour piano No.1
Symphonie No.1
Symphonie No.5
Symphonie No.9

DEBUSSY :
Images - Iberia
Jeux
La Mer.
Prélude à l'après-midi d'un faune.
Trois Nocturnes

DUKAS : Der Zauberlehrling.

DVORAK :
Konzert für Violoncello h-moll
Symphonie No.7
Symphonie No.9
Slawische Tänze I, II, VIII op.46

EGK :
Ouverture zu einer verschollenen
Romanze.
Französishe Suite

FAURE : Requiem

FRANCK :
Symphonie en Ré mineur
Symphonic variations

FUCIK : Florentiner Marsch op.214

G.GABRIELI : Sonata Piano forte.

GENZMER :
Konzert für Klavier und Orchester No.2 (1948)
Symphonie No.3

HAMEL : Symphonie 《Die Lichtung》

HAYDN :
Obönkonzert C-Dur
Symphonie No.85
Symphonie No.92
Symphonie No.99

Symphonie No.100
Symphonie No.101
Symphonie No.103
Symphonie No.104.
Trompetenkonzert Es-Dur

HINDEMITH :
Mathis der Maler.
Symphonische Metamorphosen über Themen von Weber.
Der Schwanendreher.

HÄNDEL : Concerto Grosso G-Dur

LANNER : Hofballtänze op.171

LEHAR : Gold und Silber

LOTHAR : Verwandlungen eines Barock-Themas op.57

MAHLER : Kindertotenlieder.

MARTIN : Sechs Monologe aus Jedermann

MENDELSSOHN :
Die Hebriden
Symphonie No.4.
Ein Sommernachtstraum - Ouverture.
Concerto pour Violon

MILHAUD :
Saudades do Brazil - Tanzsuite.
Concerto pour Marimba, Vibraphone et Orch.op.278
Suite française.

MOZART :
Don Giovanni-Ouverture (Arr. Busoni).
Klarinettenkonzert A-Dur
Concerto pour piano No.9
Concerto pour piano No.20
Concerto pour piano No.21
Concerto pour piano No.23

Concerto pour piano No.24
Concerto pour piano No.27
Messe in c-moll
Misera, dove son - Ah, non son io che parlo
Requiem
Scena con Rondo
Sinfonia concertante Es-Dur für Streicher
Sinfonia conc.für Bläser und Orchester
Symphonie No.34
Symphonie No.35
Symphonie No.36
Symphonie No.38
Symphonie No.39
Symphonie No.40
Symphonie No.41
Sechs, Landlerische" für Streicher
Die Zauberflöte - Ouverture

MOUSSORSKY :
Modest / Bilder einer Ausstellung (Arr. Ravel)
Eine Nacht auf dem Kahlen Berge

OFFENBACH : Orpheus in der Unterwelt: Ouverture (Arr. Binder)

ORFF : Carmina Burana.

PFITZNER : Symphonie f.großes Orchester

PROKOFIEV :
Romeo und Julia
Symphonie No.1
Symphonie No5
Suite scythe

RAVEL :
Alborada del gracioso.
Bolero.
Daphnée et Chloée
Concerfto pour Piano Benedetti Michelangelli
La Valse.
Le Tombeau de Couperin.

Ma Mère l'Oye:
Rhapsodie espagnole.

REGER :
Requiem
Variationen und Fuge über ein Thema von Mozart.

RESPIGHI : Pini di Roma

RIMSKY-KORSAKOV : Schéhérazade Op.35

ROSSINI :
Die Diebische Elster: Ouverture.
Die Seidene Leiter: Ouverture.
Semiramide: Ouverture.
Wilhelm Tell: Ouverture.
Le Barbier de Seville. Ouverture

ROUSSEL :
Petite suite op.39
Suite in F

SCHUBERT :
Rosamunde : Ouverture
Symphonie No.5
Symphonie No.8
Symphonie No.9
Zwischenaktmusik zu Rosamunde op.26
Deutsche Tänze (WEBERN)

R.SCHUMANN :
Konzert für Violoncello amoll
Klavierkonzert a-moll. Konzertstück F-Dur
Symphonie No.1
Symphonie No.2
Symphonie No.3
Symphonie No.4

SCHÖNBERG : Concerto pour Violon

SIBELIUS :
Symphonie No.2
Symphonie No.5
Concerto pour Violon

SMETANA :
Die Moldau

STEPHAN : Musik für Orchester

RUDI : Musik für Orchester

R.STRAUSS :
Don Juan.
Don Quixote
Ein Heldenleben
Till Eulenspiegels lustige Streiche.
Tod und Verklärung
Vier letzte Lieder avec Jesse Norman

J.STRAUSS (senior) :
Radetzky - Marsch.
Le beau Danube bleu
Annen-Polka.

J.STRAUSS :
Kaiserwalzer
Leichtes Blut
Tritsch-Tratsch
Fledermaus: Ouverture.

STRAVINSKI :
Feuervogel-Suite No.2 (1919)
Feuervogel-Suite No.3 (1945)
Der Kuß der Fee: Divertimento
Psalmensymphonie
Suite No.2 für kleines Orchester

SUPPE : Dichter und Bauer: Ouverture

TCHAIKOWSKY :
Concerto pour piano No.1 op.23Barenboim

Casse Noisettes - Suite No.1
Fantasia - Roméo et Juliette - Ouverture
Walzer aus der Streichersernenade op.48
Symphonie No.4
Symphonie No.5
Symphonie No.6

VERDI :
Ouverture zu La forza del destino
Messa da requiem.

WAGNER :
Götterdämmerung: Trauermarsch beim Tode Siegfrieds.
Die Meistersinger: Vorspiel.
Parsifal: Vorspiel
Karfreitagszauber
Siegfried-Idyll.
Tannhäuser: Ouverture (Dresdner Fassung).
Tristan und Isolde: Vorspiel und Liebestod.
Wesendonck Lieder (5 Titel)

WEBER :
Oberon-Ouverture.
Aufforderung zum Tanz
Der Freischütz - Ouverture